I0820758

Cultiva tu felicidad

Los cinco principios para superar el trauma y transformar tu vida

KAREN GUGGENHEIM

Cultiva tu felicidad

Los cinco principios para superar el trauma y transformar tu vida

DIANA

Título original: *Coltiva la tua felicità. Come affrontare traumi e difficoltà, cambiare le tue abitudini e trasformare la tua vita*

Traducción: Giulia Magaña Marchi
Formación: Alejandra Romero
Diseño de portada: Planeta Arte & Diseño / Erik Pérez Carcaño
Fotografía de la autora: Cortesía de la autora

Bajo el sello editorial DIANA M.R.
Avenida Presidente Masarik núm. 111,
Piso 2, Polanco V Sección, Miguel Hidalgo
C.P. 11560, Ciudad de México
www.planetadelibros.com.mx

Primera edición en formato epub: julio de 2024
ISBN: 978-607-39-1614-1

Primera edición impresa en México: julio de 2024
ISBN: 978-607-39-1621-9

Impreso en los talleres de Litográfica Ingramex, S.A. de C.V.
Centeno núm. 162-1, colonia Granjas Esmeralda, Ciudad de México
Impreso y hecho en México — *Printed and made in Mexico*

Para Ricardo, Stefan y Kristof

¿Puedo acaso compararte con un día de verano?
Eres más dulce y suave.
Un furioso vendaval agita los capullos de mayo,
y demasiado breve es el estío.
El ojo solar brilla a veces con desmesura,
y otras, su dorado rostro se oscurece.
Tarde o temprano toda belleza se fatiga,
por azar o por mutable curso de la natura.
Tu eterno verano, sin embargo, no desfallecerá,
ni su brillo perderá;
y la muerte no se jactará de que entre sus sombras vagues.
En estas líneas creces eterno:
mientras haya aliento y ojos para mirar,
mientras viva esto y vida a ti te dé.

SHAKESPEARE, «Soneto 18»

Índice

PARTE III
UN NUEVO APRECIO POR LA VIDA

PARTE IV
RELACIONES

PARTE V
POTENCIAR LA ESPIRITUALIDAD

Prólogo

Nos entendimos a primera vista.

Estaba a punto de publicar mi primer libro, *El algoritmo de la felicidad,* cuando un amigo de Google me sugirió que hablara con Karen y me explicó que, en una fecha muy cercana al lanzamiento de mi libro, Karen iba a inaugurar un evento dedicado a difundir el mensaje de la felicidad. «¿No están hechos el uno para el otro?», dijo mi amigo, y se ofreció a presentármela.

Faltaban menos de tres semanas para el ciclo de conferencias y para la presentación de mi libro, así que, siendo sincero, no esperaba que nuestro encuentro sirviera de mucho, pero como creo en la serendipia, acepté la sugerencia y contacté a Karen por videollamada.

Y ahí estaba, en el monitor de mi computadora, en medio del frenesí que precede a los eventos de grandes dimensiones. Todo a su alrededor irradiaba emoción. Tenía una energía increíble y estaba llena de ideas y de expectativas alrededor de lo que iba a suceder. «El mundo lo necesita, Mo», me dijo Karen. «Nuestro mundo merece ser feliz». Aun detrás del monitor percibí su emoción y su ánimo. La presencia de Karen siempre es positiva.

Le pregunté por qué le estaba dedicando tanta energía y tantos recursos a esa iniciativa, y su respuesta coincidió a la perfección con la mía.

Hace tres años perdí a mi hijo, Ali, un niño estupendo, por culpa de un estúpido error médico. Mi respuesta ante la tragedia fue escribir un libro sobre la felicidad, un libro que enseñara lo que Ali me había enseñado a mí. Era mi manera de mantener vivo su recuerdo y de decirle al mundo que la felicidad siempre está al alcance de uno, aun en las peores circunstancias. Cuando le pregunté por qué había lanzado WOHASU, Karen me dijo que era para recordar a su esposo, Ricardo, y para difundir por el mundo la felicidad que había aprendido de él; la misma idea y la misma misión. Nos aliamos al instante.

Tres semanas más tarde, llegué a Miami para participar en el ciclo de conferencias, un evento que, sin lugar a dudas, contenía todos los valores y la positividad de Karen: voluntarios felices de esforzarse al máximo con tal de ayudar; oradores de todos los segmentos de la sociedad y rincones del planeta listos para compartir sus conocimientos y experiencias. Incluso los espectadores irradiaban altruismo, no habían venido únicamente para ser felices, sino para hacer felices a los demás. Karen estaba en todas partes, esforzándose al máximo, animada por el deseo de hacer de WOHASU un evento único para los participantes. Considerando mi larga experiencia profesional en ambientes administrativos, donde los eventos giraban exclusivamente alrededor de la tecnología, los negocios y el dinero, lo que más me impresionó de WOHASU fue, en primer lugar, la cantidad de gente que me abrazó. Había una atmósfera increíble. Karen logró reunir a una multitud con el mismo ánimo y las mismas ideas, gente que de verdad quería hacer la diferencia, no solo por ellas mismas, sino también por las personas a su alrededor.

De esos abrazos, se me quedó grabado uno en particular. Sucedió cuando por primera vez vi a Karen en persona. Nos hicimos amigos ahí mismo, y no solo eso, nos sentíamos como amigos de toda la vida que se conocen y se ayudan desde siempre. Y de verdad fue así porque a partir de entonces continuamos participando el uno en la vida del otro, no solo con disposición, sino con alegría.

Desde ese día me involucré en todos los eventos de WOHASU. No por los abrazos, aunque eran un verdadero bono, sino por la intención única que Karen le infunde a todo lo que hace y que la caracteriza tanto. El sector de la felicidad, si podemos llamarlo así, está lleno de *life coaches,* gurús, analistas, yoguis, maestros, sanadores, escritores e instructores, sin mencionar al Big Pharma. Todos aseguran haber encontrado la fórmula mágica. Todos piden atención y reconocimiento. Algunos lo hacen por dinero; otros, por ego; y otros más, para encontrar su propio camino hacia la felicidad. Para algunos es un trabajo; para otros, una pasión. Algunos de verdad logran involucrarte y otros necesitan un poco más de práctica.

Entre todas esas personas que operan en el sector, he encontrado muy pocas que lo hacen porque tienen el sincero deseo de marcar diferencia. Entre ellas, Karen, que con su incansable esfuerzo, compromiso, vulnerabilidad, energía y optimismo es una joya. Ella se entrega completamente por la felicidad de su público y de verdad pone en práctica lo que dice. La historia de cómo construyó WOHASU es un testimonio de lo que es posible cuando uno de verdad elige marcar diferencia y se dedica a ello con ánimo y determinación.

Aguardé con ansias a que saliera su libro porque sabía que esta historia serviría para inspirar a muchísima gente a seguir su ejemplo con esmero y darle prioridad tanto a la felicidad propia como a la ajena. Espero que seas una de esas personas y que disfrutes estas páginas tanto como yo. Ojalá que al leerlas le envíes a Karen buenas vibras para animarla a seguir adelante en su misión por hacer de este un mundo mejor.

MO GAWDAT*

* Ex director ejecutivo de Google X, autor del *bestseller* internacional *El algoritmo de la felicidad,* Booket, México, 2022.

Introducción

DEL TRAUMA AL CRECIMIENTO

Todos hemos oído hablar del trastorno de estrés postraumático *(Post-traumatic stress disorder,* PTSD), pero yo jamás había oído sobre un fenómeno llamado crecimiento postraumático *(Post-traumatic growth,* PTG). ¿No es curioso cómo siempre estamos preocupados por las cosas negativas y por todo lo que puede salir mal y, en cambio, ignoramos lo que podría salir bien? Al parecer, existen personas que florecen tras la adversidad o el trauma. Yo soy una.

En su momento, no tenía idea de lo que era el crecimiento postraumático, ni siquiera me había dado cuenta de que yo misma lo había experimentado. Mientras estaba organizando la World Happiness Summit, la cumbre mundial de la felicidad, y gracias a una conversación con el profesor Itai Ivtzan, me di cuenta de haberlo vivido y que ahora podía incluso enseñarlo a los demás. En estas páginas compartiré la manera en la que reencontré la felicidad y llegué a una profunda revelación personal después de una devastadora tragedia del luto y el trauma. Desgraciadamente, a causa de la pandemia del COVID-19, millones de personas en todo el mundo perdieron a alguien querido y tal vez les esté costando sanar. Yo viví una experiencia parecida.

A través de un sentido de propósito y de significado, descubrí que la felicidad se puede enseñar y se puede aprender. A través de la acción, comprendí la importancia de la repetición y de reorientarse hacia una felicidad y un bienestar duraderos. A través del servicio a los demás, pude crear un movimiento global alrededor del optimismo, la compasión y la bondad.

Este libro está inspirado en mis experiencias como emprendedora social y líder de WOHASU, la plataforma de bienestar derivada de la World Happiness Summit, el principal evento en el mundo dedicado a la ciencia de la felicidad. Ayudada por un equipo y una comunidad increíbles, tuve el honor de organizar el encuentro y ofrecerles a los expertos un vehículo para compartir con un público global los resultados de investigaciones destinadas a desarrollar los instrumentos para un cambio positivo. Mi objetivo es difundir lo que he aprendido de pensadores sociales y terapeutas expertos; gente que ha dedicado su vida a estudiar el bienestar interior, la felicidad y la psicología positiva, así como a demostrar que todos podemos aprovechar esta disciplina relativamente nueva.

Dos de los pioneros en este campo, el profesor Richard G. Tedeschi y el profesor Lawrence G. Calhoun, definen el crecimiento postraumático como «los cambios psicológicos positivos experimentados a causa del sufrimiento». Y eso fue lo que me pasó a mí. Mi resiliencia se debe a diversas experiencias vividas en mi infancia que como adulto facilitaron mi crecimiento después del trauma. Nací en Nicaragua, uno de los países más pobres del hemisferio occidental y de niña me tocó ver mucha miseria e injusticia. Tuve que dejar mi país cuando tenía 9 años a causa de las guerras civiles que generaron divisiones familiares y enfrentamientos entre amigos. Fue un *shock* tener que dejar mi vida en Nicaragua para emigrar a Estados Unidos. Empecé a ir a la escuela antes de haber aprendido el idioma, pero, por si fuera poco, mi dislexia no ayudaba. Sin embargo, luché, perseveré y terminé graduándome con las calificaciones más altas; así obtuve becas para la universidad. Enfrentar esos eventos, vivirlos en carne propia y atesorarlos me ayudó a ejercitar el músculo de la resiliencia, el cual, más tarde, me permitiría tomar un nuevo camino.

Durante la mayor parte de mi vida no fui consciente de lo mucho que estos eventos habían contribuido a formarme. Soy muy resiliente, pero después de perder a mi esposo tuve que echar mano de algo más que solo resiliencia, porque no me limité a volver a ser la misma de antes, fui más lejos. La experiencia resultó tan confusa, dolorosa y decisiva que mi vida se hizo añicos. A pesar de eso, pude experimentar un crecimiento transformador e, incluso, crear una comunidad que se propone incrementar el bienestar y la felicidad de todos, además de fundar la World Happiness Summit. El crecimiento personal que experimenté tras la muerte de mi esposo me convirtió en líder del movimiento global de la felicidad. Me cuesta creerlo mientras lo escribo.

Para comprender el crecimiento, es necesario entender la pérdida. Mi esposo era un hombre maravilloso. Mi historia tiene un trasfondo triste; pero, ante todo, un legado de amor y de esperanza.

Subdividí el libro en cinco apartados, derivados del Inventario del crecimiento postraumático de Tedeschi y Calhoun, en los cuales yo misma experimenté un cambio positivo:

1. Nuevas elecciones y oportunidades de vida: desarrollar nuevos objetivos y hábitos; innovación y adaptación.

2. Potenciar la fuerza interior: descubrir dentro de uno mismo una reserva inexplorada de recursos y energía.
3. Nuevo aprecio hacia la vida: comprender el valor de la propia existencia, practicar la conciencia y la gratitud.
4. Reforzar las relaciones con el prójimo: experimentar una compasión más profunda hacia el prójimo, sobre todo hacia quien más lo necesita.
5. Intensidad espiritual: descubrir o reencontrar la sintonía con las propias convicciones esenciales.

En cada capítulo explicaré de qué manera los diversos principios, el trabajo de investigación y los esquemas de los expertos contribuyeron a mi transformación y, al terminar, mostraré las herramientas que me fueron útiles y otras que, aunque a mí no me sirvieron, pueden ayudarte a ti o a tus seres queridos.

Una de las cosas que amo de la felicidad es su naturaleza subjetiva. De nada sirve debatir o discutir porque cada individuo alcanza y cultiva la felicidad a su manera. Sería como pelear sobre nuestro color favorito: no hay respuestas correctas o incorrectas. El único principio que vale para todos es que la felicidad es hermosa y que al perseguir la nuestra no debemos pisotear la de los demás; de hecho, estamos programados para sentirnos felices ayudando al prójimo. Hacer lo opuesto sería ir en contra de nuestra naturaleza, lo cual no es buena idea, pero ya hablaremos de eso en otro momento.

Comparto mi experiencia porque quiero mostrarte que es posible crecer tras el trauma o la pérdida, cultivar la felicidad y reescribir nuestra historia para vivir una existencia plena, abierta a la esperanza y más feliz, al saber que el dolor es una parte natural de la vida. Si hasta ahora has tenido la fortuna de no tener que enfrentar momentos verdaderamente difíciles, te invito a que uses esta historia y el aprendizaje que de ella puedas obtener para convertirte en una persona más feliz y ayudar a quienes tal vez no tuvieron tanta suerte. Defender y apoyar la felicidad no tiene consecuencias negativas: las personas felices son más funcionales física, mental y emocionalmente. Tienen una mejor relación con el prójimo, obtienen mejores resultados en la escuela y son más activas en su trabajo. Además, las comunidades que se caracterizan por su equidad, justicia e inclusión prosperan más y mejor que aquellas que no invierten en la promoción de estos principios del bienestar. Las herramientas que presento en este libro son de naturaleza práctica y se pueden aprender. Con el tiempo, su ejercicio puede determinar cambios positivos e introducir una disposición mental que le abra las puertas a la esperanza. Estoy muy agradecida con todos los expertos de esta disciplina por su extraordinaria labor y por la generosidad con la que compartieron sus conocimientos con el resto del mundo.

Mi viaje se basa en la realidad y comienza con la pérdida. Adivina qué... las experiencias dolorosas traen sufrimiento.

PARTE I

NUEVAS OPORTUNIDADES DE VIDA: CUESTIÓN DE ELECCIÓN

1

TRAUMA

SUFRIMIENTO Y LUTO: EL SUFRIMIENTO ES UN PODEROSO CATALIZADOR PARA EL CAMBIO

El dolor puede cambiarte, pero no está dicho
que el cambio deba ser negativo.
Toma tu dolor y transfórmalo en sabiduría.

DALÁI LAMA

Escuchen, escuchen: las experiencias dolorosas provocan sufrimiento. Era marzo del 2017 y faltaban pocos días para la World Happiness Summit cuando en el transcurso de una entrevista para un importante *talk show* me preguntaron si al participar en la Summit las personas dejarían de sentir tristeza. En palabras del profesor Tal Ben-Shahar, «Existen dos tipos de personas que no sienten tristeza, los psicópatas y los muertos». Lo cual es una buena noticia, porque quiere decir que si estás triste no eres un psicópata y tampoco estás muerto.

No hay una pastilla mágica ni «cinco pasos sencillos» para alcanzar un tipo de felicidad que te haga inmune al espectro de emociones humanas, porque al final del día somos eso... humanos. La felicidad es un proceso. Es curioso cómo nos esforzamos por contradecir a la naturaleza en un intento por huir de los mecanismos innatos del cerebro e ignoramos nuestra biología, sobre todo en lo referente al impacto que los pensamientos y emociones tienen sobre nuestro bienestar o malestar. Sin embargo, no hay que ser demasiado duros con nosotros mismos, a fin de cuentas, en la escuela nos enseñaron de todo menos a conocernos.

Nadie nos explicó por qué tenemos ciertas reacciones, si existen formas de ser que puedan ayudarnos a sentirnos más felices y sanos, o a analizar las historias que nos contamos sobre nosotros mismos y las creencias que vamos formando y que limitan nuestro potencial. Nadie nos habló de las ventajas biológicas y profesionales de la felicidad y, como es obvio, a muy pocos nos enseñaron lo más importante de todo: que podemos elegir nuestra reacción, aunque no sea posible controlar lo que nos sucede en la vida.

Existe una disciplina relativamente nueva que puede explicar mi recuperación y transformación, pero en su momento la desconocía. Mis primeros títulos fueron en Periodismo y en Psicología *tradicional.* Mi campo de estudios cambió solo hasta 1988, cuando en su célebre discurso a la American Psychological Association, Martin Seligman, que en ese entonces era presidente de la asociación, animó a investigadores y analistas a estudiar los resultados que estaban emergiendo de un campo que hasta entonces había sido ignorado y que cambiaría la disciplina para siempre. Sin embargo, esto sucedió después de que yo me gradué. Los cursos de psicología positiva no existían durante mis años de universidad.

En ese entonces, yo creía que la felicidad dependía de factores externos. Era feliz si mi esposo pasaba más tiempo en casa, si visitaba una ciudad nueva, si mis hijos iban bien en la escuela, si alguien me hacía algún cumplido o si encontraba estacionamiento cerca del supermercado. No había comprendido el impacto y la influencia que yo misma podía ejercer sobre mi felicidad y bienestar. No veía la relación entre mi felicidad y yo, y por eso no me daba cuenta de que existía la posibilidad de tomar decisiones que me hicieran sentir mejor y más feliz. Vivía a merced de las olas del mar: yo no manejaba el barco ni con el timón ni con las velas; todo dependía de la corriente.

No había comprendido el impacto y la influencia que yo misma podía ejercer sobre mi felicidad y bienestar.

Solo cuando perdí a mi esposo, mi mentor y el amor de mi vida, me di cuenta de que tenía incidencia sobre mi propia felicidad. Él estaba tan arraigado en cada parte de mi vida que su desaparición la destruyó. Perdí su influencia y en el transcurso de diez días su cuerpo desapareció. Aunque no puedo decir que se fue del todo, porque está muy presente en nuestros dos hijos, en los recuerdos de amigos y parientes, y, sobre todo, en mi corazón. Para mí sigue aquí porque decidí concentrarme en la parte de él que vivió. Es cierto, está muerto, pero antes de eso vivió y dejó huella en muchas personas. Nada puede borrar su recuerdo. Ricardo era una intrincada combinación de excelencia, compasión, elegancia, carisma, tenacidad y bondad. Mi esposo era un genio complicado.

Mi mejor amigo, mi compañero de 21 años, había muerto y yo también quería morir. No era cuestión patológica ni depresión, sino que de repente me harté de la vida. Era como si después de los miles de platillos de una cena fabulosa en un bellísimo restaurante me ofrecieran el postre. «No», quería responder yo. «Así está bien». Un bocado más lo habrá arruinado todo.

Ricardo fue la mejor persona que jamás haya conocido. Su generosidad, su agudeza y su encanto no conocían límites. Para mí fue un honor ser testigo de su genio y ver cómo funcionaba su cerebro. Se convirtió en neurocirujano a los 24 y más tarde fungió como anestesiólogo en un centro de traumatología; además, obtuvo un posgrado en Economía por la Universidad de Chicago. A pesar de todo esto, jamás fue engreído o altanero, todo lo contrario, continuó siendo humilde y gentil. En un mundo en el que se puede ser de todo, Ricardo era muchas cosas, pero eligió ser bueno. Había superado enormes sufrimientos tras un trasplante de la médula ósea. Era resiliente y jamás se consideró una víctima. Su legado de bondad todavía vive en mi trabajo.

Cuando murió, sin embargo, se llevó consigo el sentido de mi existencia. Como suele decirse: me encontraba ante una encrucijada. Frente a mí se extendían dos posibles caminos, el de la vida y el de la muerte, y yo me sentía tentada a escoger el segundo. Pero escuché un susurro que me decía: «¿Y los niños?». ¡Ay, no! Mis dos niños aún en el umbral de la vida en busca de sus alas. Estuvieron ahí cuando le diagnosticaron el cáncer a su papá; aunque, por fortuna, todavía ignoraban lo injusta y terrible que a veces puede ser la vida.

Sabía que tenía que seguir viviendo porque los amaba y porque me necesitaban. Elegir la vida me parecía un esfuerzo sobrehumano. Habría sido mucho más sencillo rendirme y dejar atrás todo ese dolor, pero no podía tomar el camino fácil.

Elegí la vida y en ese instante decidí que la mía debía ser feliz. No tenía idea de cómo lograrlo y en ese momento sentía de todo menos felicidad, pero sabía que no iba a poder vivir conmigo misma si asumía el rol de la víctima: en primer lugar, porque no soporto que me compadezcan; en segundo, porque como víctima no iba a serle útil a mis hijos. ¿Y para qué permanecer en este mundo si no podía ayudarlos? Por eso, rechacé la narrativa de la víctima, no iba a permitir que nadie me describiera como la «joven viuda». Detesto esta última palabra. Son dos sílabas, pero se sienten como un puñetazo en el estómago.

Elegí la vida y en ese instante decidí que la mía debía ser una vida feliz.

Dediqué un capítulo entero de este libro a las historias que creamos y que se convierten en el mapa de nuestra vida. Cada palabra carga consigo una historia y con frecuencia no somos conscientes de esto. Mientras pensaba en esa palabra, «viuda», recordaba todas las películas en las que una mujer dinámica y llena de vida pasaba el resto de sus días vestida, de la cabeza a los pies, con ropa negra y se distanciaba emocionalmente, si no es que se encerraba detrás de los muros de un convento. En esas películas, la muerte del esposo era la muerte de ambos. Yo decidí que jamás me iba a presentar así y que no viviría esa historia. La única vez que me vestí de luto fue para el funeral, y en cuanto regresé a mi casa, tiré ese traje. El dolor lo cargamos en lo más profundo de nuestro ser y portarlo por fuera no sirve para ayudarnos a recuperar lo que perdimos, solo alimenta la tristeza. Una Navidad mi sobrino me regaló una camiseta que decía: «Yo soy la felicidad». Y pensé: «Si todos nos ponemos camisetas con el nombre del equipo que apoyamos, ¿por qué no iba a ponerme una que apoyara lo que yo quería de la vida y lo que, en un futuro, quería ser?» La decisión de ser feliz se convirtió en la valiosa luz que me guiaba, como un faro que permite a las naves regresar al puerto en una noche tempestuosa. Experimenté con diferentes métodos y comencé a practicar los que a mí me funcionaban mejor; más tarde descubrí evidencia científica que explicaba por qué esos métodos eran eficaces.

Quedé viuda a los 42, pero no iba a permitir que esa etiqueta me definiera. No soy lo que me sucedió, soy lo que elijo ser. Decidí ser feliz antes de sentirlo. Decidí convertirme en la protagonista de mi historia. Tenía que escribir un nuevo relato. La muerte no iba a ser el fin, sería el principio.

Quedé viuda a los 42, pero no iba a permitir que esa etiqueta me definiera. No soy lo que me sucedió, soy lo que elijo ser.

El sentido de propósito y de significado fue lo que me guio hacia la felicidad. Ante un evento incontrolable, decidí concentrarme en los aspectos que todavía controlaba y descubrí que podía utilizar mi energía para extraer algo bueno de la catástrofe. Cuando era niña, soñaba con graduarme de la Universidad de Georgetown, en Washington D. C., pero me casé. Cuatro meses después de la muerte de Ricardo, decidí inscribirme a un máster en Administración de Negocios como un homenaje a mi esposo y una forma de honrar su memoria. Sabía que se habría sentido orgulloso de mí y eso me consolaba. Un objetivo representó para mí algo parecido a un barco salvavidas y pude aferrarme a él justo cuando pensaba que iba a ahogarme. Era una luz en la oscuridad. Una nueva historia empezaba a tomar forma y era yo quien la estaba escribiendo. El sentido de autonomía es fundamental para el bienestar interior. Quiero subrayar que no existen traumas o pérdidas menores, todo depende del impacto que un evento tiene sobre la vida de uno. Los instrumentos y los métodos para sanar fortalecen la resiliencia y están al alcance de todos.

Ir a la universidad me ayudó a conocer gente y a hacer nuevos amigos. La sensación de pertenecer me dio alegría. Además, aprendí cosas nuevas: análisis empresarial, contabilidad y finanzas. Aprender es una extraordinaria manera de promover el bienestar. En resumen, me di a mí misma un objetivo. Estaba estudiando y cultivando relaciones; ambos son métodos científicamente comprobados para aumentar la felicidad.

Cada mañana, mientras me vestía y me preparaba para mi día, escuchaba un poco de música. De hecho, todavía lo hago y, si es posible, bailo. El movimiento, como veremos más adelante, es de suma importancia para los seres humanos, sobre todo en los periodos difíciles. No esperes a sentirte feliz para poner un poco de música. Yo uso la música como parte de mi ritual matutino para orientar mi mente hacia la serenidad, el optimismo y la esperanza, aun cuando estoy triste o nerviosa. Los hábitos positivos son cruciales si se quiere desarrollar una manera de ser adecuada para conseguir un bienestar duradero.

Recurrí a la imaginación y traté de pensar en el día en el cual por fin mi vida reencontraría algún sentido y mis hijos recuperarían su sonrisa. Visualicé un futuro donde volvíamos a reír y a escribir nuevas historias; eso se convirtió en la fuerza que me impulsó hacia adelante. Aun si no está pasando nada malo, tendemos a ser muy negativos sobre la vida y el futuro por temor a sentirnos desilusionados o incluso como amuleto para alejar la mala suerte. No nos atrevemos a suponer que más adelante puede haber algo bueno. Pero esa es una actitud absurda, pues nos conduce a vivir con el temor de algo que puede no suceder. Qué desperdicio. Así que me concentré en ver el futuro como un tiempo de nuevas oportunidades. ¿Para qué excluir *a priori* la posibilidad de que mi vida mejorara y de que las cosas salieran bien? Me ejercité, además, en permanecer en el aquí y el ahora; practiqué *mindfulness* sin saber qué era. Noté que cuando me concentraba en el presente no sentía ni miedo ni tristeza. El yoga me ayudó tanto como estudiar materias complejas.

Un año después de haber iniciado mi viaje, en la víspera del aniversario luctuoso de mi esposo, me topé contra una pared. Como paréntesis narrativo, Ricardo murió el día del cumpleaños de mi hermana.

El 6 de marzo se convirtió en una fecha agridulce. Una combinación de celebración y recuerdos. Me di cuenta de que había creído que, si resistía a la adversidad y continuaba enfrentando las festividades familiares sin él, al término de un año «resurgiría» de mi sufrimiento, pero las cosas no funcionan así. No existen estados predefinidos para el luto, cada uno lo vive según sus tiempos. El día del primer aniversario comprendí que, si bien con ritmos, intensidad y matices distintos, jamás dejaría de sufrir esa pérdida. Tomar consciencia de eso fue muy duro; sin embargo, lo acepté porque había decidido extraer algún significado de lo que me sucedió, reinventarme a mí misma y a mi vida. Había decidido escribir una nueva historia.

Solo me quedaba proseguir mi camino un paso a la vez y marchar hacia lo desconocido. Más tarde descubriría que enfrentar las cosas un paso a la vez, además de otras prácticas que iría adoptando para construir mi felicidad, es un instrumento científicamente comprobado para conseguir el bienestar interior: «Las personas felices tienden a interpretar su entorno de manera distinta a las menos felices».[1] La investigación de Sonja Lyubomirsky, científica experta en la felicidad, demuestra que nuestro grado de felicidad depende de nuestra manera de ver la realidad, de motivarnos y de reaccionar.

Tomar consciencia de eso fue muy duro; sin embargo, lo acepté porque había decidido extraer algún significado de lo que me sucedió, reinventarme a mí misma y a mi vida. Había decidido escribir una nueva historia.

Son estos procesos interiores los que tienen un impacto decisivo sobre nuestra realidad, no las circunstancias externas.

En mi caso, intuí lo que debía hacer; en realidad estaba improvisando, pero por instinto había adoptado la aproximación correcta. El *shock* y el trauma del repentino luto me incitaron a actuar. Lo que me motivaba era darle un sentido a lo que me había pasado y esforzarme por alcanzar mi objetivo. Descubrir la ciencia de la felicidad me ayudó no solo a procesar mi luto, sino a crecer. Cuando comprendí que la felicidad se puede enseñar y aprender, decidí dedicar mi vida a la creación de una plataforma que le permitiera a un público global acercarse a esta nueva disciplina. Decidí crear un legado de esperanza a través de la World Happiness Summit.

SUGERENCIAS PRÁCTICAS

1. Durante una semana, escribe en un diario tres cosas que resultaron bien, explica cómo te sentiste y dónde estabas. Redacta los pormenores del evento y sé lo más descriptivo posible.
2. Utiliza la comedia. Haz chistes y echa mano del sentido del humor para abrirte paso a través de la maraña de pensamientos negativos recurrentes y extraer una inyección de serenidad y una carcajada. La risa es un poderoso instrumento para el bienestar interior porque libera endorfinas y facilita tus relaciones interpersonales.
3. Establece un objetivo. No importa si al inicio te pones uno muy pequeño, date cuenta de tus logros y celébralos. Toma conciencia de tu estado de ánimo en cada paso hacia tu meta.

2

NEUROPLASTICIDAD

CÓMO REPROGRAMÉ MI CEREBRO

Visualiza a tu cerebro formando conexiones mientras enfrentas un desafío y aprendes cosas nuevas; después, sigue adelante.

CAROL DWECK

Como ya mencioné, descubrí la ciencia de la felicidad y del bienestar interior solo tras haber perdido a mi esposo. Dos años después de esa fractura en mi vida, encontré algunos estudios científicos que demostraban los efectos positivos de las herramientas que había adoptado por instinto. No sé de dónde provino la inspiración, pero me sorprendí mucho al darme cuenta de que, *como por casualidad,* volví a ser feliz. Es más, en mi periodo de crecimiento a través del sufrimiento, viví momentos de enorme felicidad y satisfacción, momentos en los que sentí que tenía un propósito y que estaba presente.

Debo subrayar que uso la palabra «feliz» en el sentido científico. Los investigadores definen la felicidad o el bienestar subjetivos como «una valoración cognitiva y afectiva del sujeto respecto a su propia vida».[1] Es decir, la felicidad es algo más allá del placer. Supone diversos componentes que, a su vez, ofrecen mayores oportunidades para cultivarla.

No estamos hechos para estar «felices» todo el tiempo, pero podemos comprometernos a actuar sobre ciertos aspectos de nuestro día a día que le dan significado a nuestra vida y nos proporcionan un sentido de realización personal. Este acercamiento fue justamente el que yo adopté. Me concentré en aspectos positivos y puse toda mi energía en alimentar mis relaciones interpersonales, en practicar *mindfulness* y en desarrollar un profundo sentido de propósito y pertenencia en mi comunidad. No podía controlar todo lo que me pasaba, pero había aprendido que mi respuesta a los eventos externos dependía de mí. Por eso, invertí en las decisiones que podían darle más sentido a mi vida

No estamos hechos para estar «felices» todo el tiempo, pero podemos comprometernos a actuar sobre ciertos aspectos de nuestro día a día que le dan significado a nuestra vida y nos proporcionan un sentido de realización personal.

¿Qué es la felicidad? El doctor Robert Biswas-Diener, investigador y *coach* de psicología positiva, la define como una experiencia profundamente subjetiva. El individuo la experimenta como la sensación de que, en general, las cosas van bien en su vida y eso le causa placer. Los elementos constitutivos son de dos tipos: emotivos y cognitivos. Los primeros son intuitivos: todos sabemos que la felicidad nos hace sentir bien, mientras que la parte mental está ligada a nuestras relaciones, al significado y a los logros.[2] Yo pienso que este último es el ámbito más importante para lograr la continuidad de las emociones positivas, porque sobre este punto podemos ejercer control.

Lo impresionante de esto lo experimenté cuando comencé a invertir en estos elementos: las personas a mi alrededor —mis hijos, amigos y familia— comenzaron a sentirse más felices. La felicidad es contagiosa. Al yo sanar, sané también a mis hijos y eso los reanimó. Aunque, claro, ellos también experimentaron dolor y momentos de oscuridad (es imposible evitarlos), pero descubrieron una nueva manera de ver la vida. Cuando no consigues sentirte feliz, concéntrate en los amigos, llámale a algún conocido para ofrecerle tu ayuda, aprende un nuevo idioma o, simple y sencillamente, activa tu cuerpo. No esperes a que te entren las ganas, hazlo y observa cómo te sientes. Tal vez la felicidad no venga de inmediato, pero con el paso del tiempo, a través de un proceso de prueba y error, descubrirás cuál de estas u otras opciones te funciona mejor.

Si quieres ser más feliz, busca una actividad que te ponga en un estado de fluidez, esa sensación de estar tan inmerso en lo que haces que pierdes la noción del tiempo. Crea, favorece y cultiva relaciones sanas, profundiza tus amistades y pregúntate a ti mismo: ¿cuál es el sentido de la vida? ¿Qué es lo que me apasiona? ¿De qué manera puedo contribuir a que algo mejore? Todos necesitamos una razón para vivir y una de ellas es ayudar al prójimo. Debemos invertir siempre en los aspectos de nuestra vida que nos llenan de satisfacción para construir una actitud que favorezca el crecimiento.

Bajo esta perspectiva, la felicidad es realista y supone todo un espectro de emociones humanas. Al experimentar los muchos beneficios que vienen de un sentido de bienestar y felicidad, nos damos cuenta de lo importante que es prestarle atención a los momentos «bellos» en los periodos difíciles. Es una actitud que nos proporciona una ventaja competitiva y que tiene un impacto importante sobre nuestra supervivencia. Al respecto, la investigación demuestra que las personas felices viven más, tienen un sistema inmune más fuerte y se recuperan más rápido de las enfermedades. Su sentido de bienestar general las hace más optimistas, resilientes[3] y menos vulnerables a los trastornos cardiovasculares.

En mi caso, el primer paso para crecer a partir del trauma fue cambiar mi punto de vista y habituarme a encontrar lo positivo para darle un sentido a lo que me había sucedido. Después de la muerte de mi esposo, permanecí en estado de *shock* durante cuatro meses. El mundo había perdido su color y los sonidos me llegaban amortiguados, como cuando estamos bajo el agua y escuchamos que la gente habla, pero no distinguimos las palabras. No lograba aceptar lo que había pasado. Tuve que esforzarme para entender que ya no estaba y asimilarlo, que la manera en la que habíamos construido nuestra familia era cosa del pasado y que el futuro sería completamente distinto. Fue necesario que aprendiera a confiar en lo desconocido, a pesar del miedo que eso causa. Hasta el día de hoy, todavía experimento momentos en los que me siento asustada. Durante años tuve *flashbacks* del área de terapia intensiva donde murió Ricardo y del equipo de médicos y enfermeros que trataba de salvarlo. Aprendí a manejar esos momentos de pánico concentrándome en la respiración, rezando y sintiendo gratitud por haber tenido la suerte de conocer a un hombre tan maravilloso y que este fuera el padre de mis hijos. Tuve que hacer un esfuerzo consciente para no ceder ante la autocompasión.

En la vida pasan cosas malas y esto es inevitable. La muerte de Ricardo fue una de ellas. Tenía que mirar la vida con otros ojos y elegí hacerlo. Sabía que necesitaba cambiar antes de actuar sobre las circunstancias externas. Tenía el corazón hecho pedazos, pero elegí la felicidad porque sabía que no iba a sobrevivir si no me esforzaba por sentirme bien. Tuve que apuntar muy alto, aspirando a una meta que en ese momento me parecía inalcanzable. Eso me brindó la esperanza que necesitaba.

Tenía que mirar la vida con otros ojos y elegí hacerlo. Sabía que tenía que cambiar antes de actuar sobre las circunstancias externas.

Es importante subrayar que, considerando la inmensa cantidad de información que perciben nuestros sentidos, estamos programados para ser selectivos; decidimos notar unas cosas e ignorar otras. La cosa es que luego actuamos con base en esas percepciones, por eso es importante elegir con sabiduría.

En promedio, la información negativa permanece impresa en nuestra memoria por un tiempo cinco veces mayor que la positiva; esto es culpa de la evolución. ¿Por qué tendemos a recordar las cosas malas y nos cuesta tanto acordarnos de las buenas? Lo que pasa es que nuestro cerebro está programado para mantenerse alerta ante el peligro con el fin de que podamos reaccionar y sobrevivir. En muchos de nosotros, la mezcla entre la inclinación humana hacia lo negativo, las experiencias de nuestra infancia y nuestros esquemas de pensamiento determinaron automatismos mentales y de comportamiento que son contraproducentes y trabajan en contra de nuestra felicidad.

Yo, por naturaleza, no era una persona feliz, de hecho, era bastante pesimista. Tendía a centrarme en lo negativo y le prestaba muy poca atención a los eventos positivos de mi vida, pues los daba por sentado.

El problema es que la especie humana vive en un estado de hipervigilancia desde los tiempos en los que había un tigre agazapado en un arbusto listo para devorarnos. Era una actitud muy útil desde el punto de vista evolutivo porque nos mantenía a salvo. El inconveniente de vivir en un estado permanente de *lucha* o *huida* es un flujo constante de cortisol que a la larga puede debilitar nuestro organismo. Cuando el peligro es real, este tipo de reacción se justifica y es eficaz porque garantiza nuestra seguridad, pero si lo aplicamos en la oficina, en la familia o en el tráfico, no solo es contraproducente, sino que se vuelve peligroso. Significa que nuestras reacciones estarán fuera de toda relación con la realidad cuando lo que tenemos que hacer es esforzarnos por operar de acuerdo con las circunstancias reales en la medida de lo posible.

Existe la vaga noción de que para ser feliz hay que cerrar los ojos ante la adversidad o embellecer lo que de verdad está sucediendo. En realidad, la felicidad consiste en que elijamos ver los aspectos *tanto* positivos *como* negativos de lo cotidiano y nos concentremos en los que son más agradables. Yo me transformé a mí misma buscando de manera intencional lo positivo, ya sea en la vida, en el prójimo o en las nuevas oportunidades, y evitando ver solo lo negativo. Los expertos dicen que cuando le atribuimos más valor a las cosas positivas, estas se multiplican. Yo elegí concentrarme en el hecho de que mi esposo había vivido y en hacer uso de mis reservas de coraje interior para prestarle atención a la parte de mí que me decía que iba a salir adelante. Al estar bien yo, permití que mis hijos estuvieran bien. Cambié mi punto de vista por completo.

En realidad, la felicidad consiste en que elijamos ver los aspectos tanto *positivos* como *negativos de lo cotidiano y nos concentremos en los que son más agradables.*

Por «punto de vista» me refiero al marco de referencia con el cual interpretamos la información que nuestros sentidos perciben. Y gracias a la neuroplasticidad, es decir, a la capacidad del cerebro de modificar su estructura, podemos cambiar nuestros esquemas mentales, nuestra forma de ver las cosas, y reprogramar nuestro cerebro para adoptar modalidades de pensamiento positivas y productivas. Cuando comprendí esto, mi vida cambió; o, para ser más precisos, sí, mi vida cambió, pero primero tuve que cambiarme a mí misma. Antes de volverme consciente de eso, era como si estuviera sentada en la banca de una estación esperando que el «autobús de la felicidad» llegara a recogerme. Pensaba que la felicidad venía del exterior, la imaginaba como algo muy específico y fuera de mi control. Pero cuando mi vida me asestó un golpe y me «tiró» de la banca, me di cuenta de que necesitaba cambiar mi perspectiva. Comprendí que el «autobús» podía ser de miles de formas y colores, y que a veces la que debía ir a su encuentro era yo. Al cambiar mi manera de pensar, mi vida empezó a transformarse. Todo comenzó a partir de una toma de conciencia, de un nuevo paradigma, de una elección y de mis acciones. En resumen, este es el camino hacia la felicidad.

Algo sorprendente sobre nuestra programación cerebral es su patrón circular. Los comportamientos y pensamientos negativos pueden determinar resultados poco deseables o dañinos que perjudican la salud mental y física, y destruyen la felicidad, confirmando el estado de ánimo negativo que uno adolecía desde un principio. Si algo no salía como yo quería, le daba infinidad de vueltas al asunto, y si alguien decía o hacía algo que me lastimaba, era incapaz de dejar de pensar en ello.

Al cambiar mi manera de pensar, mi vida empezó a transformarse. Todo comenzó a partir de una toma de conciencia, de un nuevo paradigma, de una elección y de mis acciones. En resumen, este es el camino hacia la felicidad.

Como si esto no bastara, los estudios demuestran que, al tomar una decisión, tendemos a darle más peso a los aspectos negativos de lo que nos espera en comparación con los positivos.[4] Yo también me lo tomaba todo a pecho, incluso cosas que no tenían nada que ver conmigo. Estaba convencida de que pasaría lo que más temía y repetía en mi cabeza conversaciones que jamás llegaron a suceder. Era un desperdicio de tiempo y energía considerable. Una gran parte de las cosas que nos asustan jamás van a materializarse; sin embargo, al activar este círculo vicioso es como si las viviéramos.

Pero si esto es cierto, también lo opuesto es verdad. Los comportamientos que inclinan a nuestro cerebro hacia lo positivo crean un círculo virtuoso. Subrayar los aspectos positivos e insistir en la gratitud reconociendo los méritos de las personas, o bien, realizar actos de bondad sin esperar nada a cambio, nos ayuda a estar mejor. Las personas más felices son más generosas y altruistas. Esto crea un efecto dominó que alimenta la felicidad propia y la ajena. Al imaginar situaciones positivas y actuar para hacerlas realidad, movemos la aguja de la balanza hacia el tipo de relaciones, organizaciones, comunidades y sociedades que queremos ver en la realidad. Es un ejercicio mental que, en mi caso, comenzó con una pregunta: ¿y si las cosas resultaran bien? ¿Cómo sería mi vida si así fuera? Utilicé la visualización y la imaginación para crear un futuro optimista: ¿Qué pasaría si mi proyecto de negocios tuviera éxito y me convirtiera en emprendedora social?, ¿y si consiguiera superar mi miedo a hablar en público y lograra inspirar a otros con mis conferencias?, ¿y si fundara un movimiento que enseñara a hallar la felicidad en el sufrimiento?

Claro, sería maravilloso si los demás pudieran hacernos felices o si pudiéramos comprar aquello que siempre quisimos, o que para ser felices bastara con una casa nueva, que nuestros hijos tuvieran éxito o que nos promovieran. Es cierto que todas estas cosas nos brindan alegría, pero considerando nuestra estructura biológica, su efecto será transitorio. Los seres humanos tienen una propensión innata a la adaptabilidad. Al estar programados para sobrevivir, somos capaces de ajustarnos a casi cualquier situación. La ciencia lo llama «adaptación hedónica», es decir, la tendencia a volver a un estado de ánimo familiar después de cualquier evento. Tras un cierto periodo, incluso las personas que se ganaron la lotería vuelven al punto de partida.[5] Una nueva compra o una experiencia agradable puede traernos una alegría pasajera, pero no producen un estado de felicidad duradero. Para que la felicidad dure, es necesario trabajar sobre uno mismo y este es un ejercicio interior constante. Lo más hermoso es que las personas verdaderamente felices son empáticas y altruistas. Según Seligman, el altruismo es uno de los pilares fundamentales que sostienen una existencia gratificante y llena de significado: «Estamos programados para sentirnos bien a través del altruismo».

Esto es lo que aprendí: la felicidad es un proceso; es el resultado de la decisión intencional de darle significado a nuestra vida a través de acciones que con el tiempo se convierten en hábitos y reprograman la «negatividad» innata de nuestro cerebro. Esto, a su vez, intensifica nuestro bienestar y multiplica las nuevas oportunidades de sentir emociones positivas.

Es fascinante descubrir que podemos «demostrar» lo que dice la ciencia a través de nuestras emociones cuando experimentamos los comportamientos que los estudios ya comprobaron. Ben-Shahar, experto en la felicidad y docente de dos de los cursos más populares en Harvard, explica que la búsqueda de la felicidad es egoísta y altruista, ya que trae ventajas al individuo; pero, al mismo tiempo, transmite felicidad a todos los que lo rodean. En algún lugar leí que es posible esconder el dolor, pero no la felicidad. Por su naturaleza, explota al exterior y es contagiosa. Yo misma lo experimenté: entre más feliz me sentía, más ganas me daban de compartirlo con otros. Organizar la World Happiness Summit me permitió compartir con el mundo los resultados de la ciencia y comunicar mi experiencia, crecimiento y viaje a través de la felicidad. Esto, a su vez, me hizo sentir más feliz y realizada, me infundió optimismo, esperanza y gratitud. Es un círculo virtuoso que no deja de expandirse y que alimenta mi felicidad.

De acuerdo con los investigadores, nosotros percibimos la felicidad y el sufrimiento a través del mismo canal emocional. Una pérdida grave o un profundo dolor pueden expandir ese canal y, si conseguimos superar el dolor, extraeremos de ahí una enorme ventaja. Mi capacidad de amar y comprender al prójimo, de dedicarme a nuevas actividades, de emocionarme por mi vida y de cuidar a otros creció de manera exponencial tras la muerte de mi esposo. No lo esperaba, pero de verdad funciona así.

Esto es lo que aprendí: la felicidad es un proceso; es el resultado de la decisión intencional de darle significado a nuestra vida a través de acciones que con el tiempo se convierten en hábitos y reprograman la «negatividad» innata de nuestro cerebro.

SUGERENCIAS PRÁCTICAS

1. ¿Cuál es tu definición de felicidad? ¿Qué aspectos de la felicidad podrías desarrollar? Escribe tres motivos que expliquen por qué estos aspectos son importantes para ti.

2. ¿Qué sientes físicamente cuando estás en modo lucha o huida? Usa esta información para decidir si hay algo a lo que debas prestar atención. Al leer los capítulos subsecuentes, elige los instrumentos que te sirvan para desarrollar un plan de acción que cultive tu felicidad.

3. Para ejercitar el arte de «cambiar de perspectiva», ve tu película favorita y trata de encontrar lo bueno en las escenas más tristes. Después aplica esa misma estrategia a tu vida cotidiana.

3

Aprender algo nuevo y sintonizarse con un sentido de propósito

Deja de temer lo que podría salir mal y comienza a entusiasmarte por lo que podría salir bien.

Anónimo

Cuando era niña, mi gran ilusión era estudiar en la Universidad de Georgetown. Nací en Nicaragua y crecí en un ambiente multicultural e internacional entre personas apasionadas por la historia y la política, así que soñaba con graduarme en Relaciones Exteriores en esa universidad. Traté de inscribirme en cuanto obtuve mi diploma, pero me pusieron en la lista de espera y, al final, me rechazaron. Lo volví a intentar un año más tarde y esta vez lo conseguí. Ricardo, quien tenía 11 años más que yo, era mi novio y él juró seguirme hasta Washington y buscar trabajo como anestesiólogo. Me pidió que me casara con él. Yo solo tenía 21 años, le dije que «Sí» a él y «No» a Georgetown. No me sentía capaz de ser esposa y estudiante en una universidad tan exigente. No sé por qué, pero tenía la impresión de que una elección excluía a la otra. Estaba convencida, aun si no tenía un argumento racional o una experiencia concreta sobre la cual fundamentar esta certeza. Este es un ejemplo de una convicción autolimitante. Todos nosotros somos, al menos en parte, resultado de nuestra cultura y de las familias en las que nacimos, y desarrollamos formas de pensar acordes con estos ambientes. Por eso es tan difícil cambiar de perspectiva cuando uno ya es adulto, porque gran parte de esas convicciones son inconscientes. Nos parecen naturales y las hacemos de manera espontánea, al igual que respirar.

Los esquemas mentales derivados de las convicciones autolimitantes nos empobrecen porque nos impiden ver las oportunidades. Percibimos estos pensamientos como verdades absolutas cuando en realidad podrían tratarse de juicios equivocados que restringen nuestro campo de acción. Se estima que, en promedio, los seres humanos tienen cincuenta mil pensamientos diarios y, considerando las inclinaciones naturales del cerebro, la mayoría de esos pensamientos serán negativos.[1] Ya imaginarán hasta qué punto distorsionamos las cosas si siempre nos concentramos en lo negativo. Para tener una imagen de la realidad que sea confiable, debemos considerar también aquellos aspectos de nuestra vida que *funcionan.* Para esto, el *mindfulness* es una gran herramienta. Si aprendemos a vivir en el presente en vez de viajar por el futuro y el pasado con la mente, nos daremos cuenta de que en el aquí y el ahora no hay casi nada de malo. Eso nos permitirá tomar decisiones más lúcidas que no estén ofuscadas por la ansiedad o el miedo, y comprender que la vida es lo que está sucediendo en este momento. Hablaremos detalladamente del *mindfulness* en un capítulo sucesivo que estará dedicado a la espiritualidad y a la sintonía con nuestras convicciones fundamentales.

Los esquemas mentales derivados de las convicciones autolimitantes nos empobrecen porque nos impiden ver las oportunidades.

El trauma de mi luto había puesto en tela de juicio todas mis convicciones y el crecimiento que experimenté a continuación me permitió enfocarme en posibilidades que antes se me escapaban. Empecé a desarrollar una forma de pensar distinta y a formular nuevos pensamientos que pudieran crear nuevas oportunidades para mí. Quiero subrayar que dichas oportunidades no «vinieron» de afuera, fui yo quien las buscó porque las circunstancias me permitieron ampliar mi manera de ver las cosas. Estaba aprendiendo a pensar en lo que era posible. Era enormemente infeliz y tenía mucho miedo, pero me había puesto la felicidad como objetivo y había decidido concentrarme en lo que sí podía controlar (el tema de la autonomía es recurrente en este libro y es la base de mis decisiones y comportamiento).

Me di cuenta de que uno de los aspectos que controlaba era mi forma de *encuadrar* los acontecimientos. Yo no iba a cambiar el hecho de que mi esposo estuviera bien una semana y a la siguiente se hubiera ido, pero podía extraer algún significado de esa experiencia. Ni siquiera el tormento del luto tenía el poder de quitarme esta capacidad. En palabras de Viktor Frankl, psicólogo y sobreviviente de la Shoah (en hebreo significa «catástrofe»): «Pueden arrebatarnos todo menos una cosa, la última de las libertades humanas, la libertad de elegir nuestra respuesta ante las circunstancias y, así, decidir cómo enfrentarlas». Lo que me guio hacia la felicidad fue encontrar un objetivo.

Era ya bastante malo que Ricardo hubiera muerto, habría sido terriblemente injusto y trágico que su legado se redujera a su desaparición prematura. Con WOHASU, decidí convertir el dolor en algo vital y eficaz que le abriera las puertas a la esperanza.

Meses después de la muerte de mi esposo, me encontraba en Washington, donde no conocía a nadie y no sabía qué era lo que me esperaba. Mis familiares se turnaron para acompañarme durante las tres semanas de un curso intensivo de análisis empresarial. Durante mi primer viaje en taxi hacia el campus, lloré sin descanso. Me di cuenta de que, si estaba yendo a Georgetown, significaba que mi esposo ya no existía; después me sequé las lágrimas y entré al aula y a mi nueva vida. Me sentía como una persona que caminaba con una venda en los ojos: avanzaba por un espacio desconocido sin saber bien en dónde poner los pies.

En el pasado, había tenido una que otra experiencia en el área de la comunicación, pero lo que había mantenido a la familia era, más que nada, el trabajo de Ricardo. Tenía que reinventarme. En ese momento no sabía en qué me estaba transformando. Nadie nos dice que la pérdida de nuestra pareja conlleva la pérdida de la identidad. Había sido esposa y ahora estaba sola. Mis hijos habían tenido un padre y ahora ya no. Me sentía indefensa, como un recién nacido que llega a un mundo oscuro y hostil con todas las responsabilidades de un adulto.

No tenía ninguna preparación en el campo económico o financiero, pero la intensidad de la concentración necesaria para enfrentar materias como análisis empresarial, que eran del todo nuevas para mí, comenzó a transformarme lentamente. Le dediqué toda mi energía al estudio, hasta llegar al punto de darle tutoría a mis compañeros. Esta fue mi primera experiencia con el *mindfulness*. Ya que eran tan difíciles, esas materias requerían toda mi atención. Además, como dije antes, soy disléxica, así que siempre tengo que hacer un esfuerzo extra para dominar ese tipo de cosas.

Quería triunfar porque había establecido que ese curso sería mi primer paso importante hacia mi futuro y hacia mi objetivo de alcanzar la felicidad, por eso no podía permitirme un fracaso. El solo hecho de concentrarme con tanta energía en mis estudios me permitía, aunque solo por un rato, dejar de pensar en lo que me había pasado y en las amenazas que me esperaban a la vuelta de la esquina. Estaba comprometida con el aquí y el ahora. Vivía en el momento, en el presente, y era una sensación increíble, sin miedo ni ansiedad.

Con la desaparición de Ricardo, mis hijos ya no tenían un padre y el futuro que había planeado con tanto cuidado en miles de conversaciones y concesiones se había esfumado. Vivimos convencidos de que la vida nos debe algo, y de que, si hacemos esto o aquello, lo obtendremos. Contamos con eso, recitamos una historia en nuestras cabezas y nos aferramos a nuestros sueños. Insistimos en pensar sobre un futuro que, idealmente, será mejor, pero de esta manera aplazamos la vida, nos perdemos el presente y olvidamos disfrutar del aquí y del ahora. En realidad, la vida no nos debe nada. Somos el resultado de nuestras elecciones, las que hicimos y las que no. Y sí, a veces nos suceden cosas terribles que no tienen un porqué, simplemente suceden y ya.

La segunda parte de mi vida había comenzado y yo me había encaminado hacia mi meta: la felicidad.

Ponerse un objetivo es un modo eficaz para sentirse motivados a corto plazo y, a la larga, abrirle las puertas a la esperanza. Según los investigadores Edwin A. Locke y Gary P. Latham, los objetivos más eficaces tienen algunos elementos en común: traen claridad, representan un desafío, nos retroalimentan y son complejos. Originalmente, su teoría se refería al rendimiento laboral, pero yo la adapté a mi vida diaria. Los dos investigadores descubrieron que damos lo mejor de nosotros mismos cuando nuestras metas presentan las características ya mencionadas. Yo me había puesto un objetivo que cumplía con la complejidad y los requisitos del desafío, y estaba totalmente concentrada en conseguirlo porque el futuro de mis hijos estaba en juego. La claridad consistió en darme cuenta de que aprender algo nuevo y encontrar nuevas personas no solo ampliaría mi red social, sino que la enriquecería incrementando mis posibilidades de alcanzar la felicidad. No debemos olvidar que uno de los factores decisivos de la felicidad son las relaciones humanas.

Insistimos en pensar sobre un futuro que, idealmente, será mejor, pero de esta manera aplazamos la vida, nos perdemos el presente y olvidamos disfrutar del aquí y del ahora.

Cada año tenemos 365 oportunidades de comunicar algo nuevo, incluso más, porque cada instante ofrece la posibilidad de cambiar de perspectiva y, por lo tanto, de vida. No es fácil, pero es posible. Una de las lecciones más importantes que he aprendido es que la vida nunca es sencilla.

Cuando lo acepté, vivir se volvió mucho más fácil.

El cambio puede comenzar con un pequeño paso, por ejemplo, levantarse un cuarto de hora antes para crear un espacio dedicado a nuestro bienestar interior. En esos minutos podemos leer una página de un libro que nos motive, escribir en nuestro diario los eventos agradables que nos esperan a lo largo del día o las cosas por las que estamos agradecidos, salir a pasear o iniciar una breve sesión de meditación. La práctica del *Metta bhavana* o la meditación de la bondad, puede generar beneficios importantes en nuestras relaciones interpersonales. Según la profesora Emma Seppälä, algunos de estos incluyen mayores emociones positivas y menos negativas, el alivio del dolor crónico y de los síntomas provocados por el trastorno de estrés postraumático, y una mayor apertura a la armonía social. La investigación demuestra que esta meditación retrasa el proceso de envejecimiento.[2]

Como parte de mi ritual, realizo todas estas prácticas por la mañana. Son comportamientos que orientan a mi cerebro hacia lo positivo y que me permiten comenzar mi día con una actitud dispuesta a recibir la belleza y una mayor capacidad para enfrentar mis dificultades.

En ese entonces no lo sabía, pero estaba desarrollando la configuración mental necesaria para centrarme en las oportunidades y entrever nuevas formas de ser. De acuerdo con la docente Stanford Carol Dweck: «El esquema mental que más favorece el crecimiento se basa en la convicción de que las cualidades que necesitamos son el resultado de nuestra dedicación y esfuerzo». Su opuesto, un esquema mental paralizante, se basa en la creencia de que cada uno nace de cierta forma y no puede cambiar. Tal vez pensamos que somos quienes somos porque las críticas que recibimos de niños nos dieron una idea de nosotros mismos. Por ejemplo: «Soy una persona inflexible y difícil». En consecuencia, nos comportamos de este modo y comprobamos esta idea. Esta mentalidad es limitante y le deja muy poco espacio a las nuevas oportunidades, mientras que buscar otra perspectiva a través de un esquema mental orientado hacia el crecimiento es liberador, porque nos demuestra que las etiquetas no son nuestra identidad, que estas vienen de afuera y que el esfuerzo nos permite adquirir y perfeccionar nuevas habilidades. Yo, por ejemplo, no me veía a mí misma como emprendedora. Sabía muy poco sobre cómo se inaugura y organiza una actividad de emprendimiento, pero estaba segura de poder aprenderlo y esta certeza fue la que lo convirtió en una realidad.

Nacimos para crecer y lo hacemos constantemente a nivel celular; la naturaleza crece, las estaciones cambian, la vida es un círculo de crecimiento infinito. Por eso es natural que la mente se expanda. A través del fenómeno de la neuroplasticidad, nuestro cerebro puede cambiar y adaptarse.[3] Tal vez en la escuela aprendiste que después de la infancia el cerebro deja de desarrollarse, pero no es verdad. En realidad, siempre estamos creando nuevas conexiones neuronales como respuesta a las experiencias que vivimos, y lo primero que debemos hacer es darnos cuenta de que esto es posible, entender cómo determinar los cambios que queremos y luego actuar para hacerlos realidad. Podemos mejorar nuestro rendimiento, aprender cosas nuevas y volvernos más inteligentes. Todo es parte del esquema mental del crecimiento y es posible porque el cerebro es maleable. Yo lo viví y tú también puedes.

Cada año tenemos 365 oportunidades de comunicar algo nuevo, incluso más, porque cada instante ofrece la posibilidad de cambiar de perspectiva y, por lo tanto, de vida. No es fácil, pero es posible.

SUGERENCIAS PRÁCTICAS

1. Comienza tu día con una serie de «cosas que puedes ser» y no con una lista de cosas que «debes hacer». Reflexiona sobre lo que te gustaría llegar a *ser*. ¿Quieres dirigirte a las personas con amabilidad, demostrar gratitud y un corazón generoso?

2. Ponte objetivos que te motiven. Planéalos y esfuérzate por adherirte a los principios de este capítulo. Sé específico. En vez de decirte a ti mismo: «En un futuro estudiaré este tema», elabora un plan detallado y di: «Mañana me despertaré a las siete y leeré durante veinte minutos». Trata de mantener el compromiso emotivo con tu objetivo.

3. Escribe en tu diario sobre una mejor versión de ti mismo que en un futuro podrías llegar a ser. Menciona tres cosas que tu objetivo te permitirá alcanzar. Echa a volar tu imaginación y visualízate logrando tu meta. Por último, para no arriesgarte a perder la motivación, mantén un registro de tu avance. Con el tiempo, incluso las acciones más mínimas pueden determinar grandes cambios.

4. Ante un obstáculo, piensa en los aspectos que controlas. Pregúntate a ti mismo: ¿de qué manera puedo manejar esta dificultad? ¿Hay algo útil que pueda hacer? ¿Estoy reaccionando de acuerdo con un viejo esquema mental o una experiencia pasada y no con la situación real?

PARTE II

POTENCIAR LA FUERZA INTERIOR

4

Respira hondo

YOGA, ESTRÉS Y FUERZA INTERIOR

Respira hondo para conectar la mente
con el interior del cuerpo.

THICH NHAT HANH

El método más veloz para recuperar mi equilibrio interior es a través de la respiración consciente. La respiración es la única función del sistema nervioso autónomo que podemos controlar. Respirar correctamente conlleva una serie de increíbles beneficios; una respiración equivocada, por el contrario, trae muchos efectos negativos.

Yo combino ejercicios de meditación y respiración a través de la práctica del yoga, el cual, para mí, fue otra herramienta que no solo enriqueció mi vida, sino que, además, mejoró mi resiliencia ante la adversidad. Hoy me brinda el valor que necesito para enfrentar los desafíos cotidianos. Para mi gran suerte, yo ya practicaba yoga desde 15 años antes de que la vida me asestara su golpe. En esa sala de terapia intensiva, en medio de las alarmas del monitor y los médicos que trabajaban incansablemente y se desesperaban ante la inevitable pérdida de mi esposo, comencé a concentrarme en mi respiración. Sobreviví a su muerte, literalmente; una inhalación y exhalación a la vez. No dejaba de repetirme a mí misma: «Respira, respira...». Si no hubiera tenido a mis espaldas tantos años de práctica, probablemente jamás lo habría logrado.

La respiración nos devuelve al aquí y al ahora y nos permite volver a sentir la tierra bajo nuestros pies. Es terrible y desconcertante sentirnos como extraños en nuestro propio cuerpo, y eso es justamente lo que sucede cuando vivimos un trauma. Respirar hondo, mientras nos concentramos en el sonido y la sensación del aire que pasa por nuestra nariz, baja por la garganta, expande el diafragma y reemerge, nos coloca en el presente: es una técnica sencilla pero potente y uno puede emplearla en cualquier momento. Una respiración pesada y superficial nos hace sentir angustiados, porque imita la respiración característica del modo lucha o huida. En cambio, al inhalar y exhalar profundamente, le decimos al cuerpo que estamos seguros y eso permite que entre más oxígeno a la parte racional del cerebro.[1]

La respiración nos devuelve al aquí y al ahora y nos permite volver a sentir la tierra bajo nuestros pies.

Además de mejorar nuestra capacidad para decidir, la respiración diafragmática reduce los niveles de estrés, baja la presión sanguínea y el ritmo cardiaco.[2]

El yoga fue una parte importante de mi camino hacia la felicidad. Mi mamá lo practicaba y siguió insistiéndome hasta que me di por vencida y seguí su ejemplo. Debo confesar que tenía muchos prejuicios hacia esa práctica. Me dejé convencer solo porque quería darle gusto a mi madre. Siempre he sido una persona muy deportista y me encanta la sensación que uno tiene después de una intensa sesión de ejercicio. Pensaba que para mí el yoga iba a ser demasiado fácil y que solo sería una molesta pérdida de tiempo.

La primera clase fue un desastre. El profesor me dijo que los principiantes como yo tenían que inscribirse al curso básico, pero como creía estar en excelente forma, decidí ignorarlo. «Ya veremos quién es el principiante», me dije. Con muchísima vergüenza descubrí que no conseguía seguirles el paso a los demás estudiantes. No era lo suficientemente flexible y no sabía respirar como se debe. Odié cada segundo de la sesión y salí de ahí con un enorme dolor de cabeza. Después de esa primera experiencia, decidí asistir a otra clase. Si la situación se repetía, dejaría el yoga para siempre. En secreto, esperaba que fuera así para no tener que darle la razón a mi mamá; sin embargo, había hecho un compromiso conmigo misma y debía mantenerlo. Regresé y esa vez me inscribí al curso de prueba para principiantes. Adopté la humildad necesaria para aprender y, con el tiempo, desarrollé la respiración adecuada. Al final me enamoré de la práctica. ¡Gracias, mamá! El yoga me enseñó a conservar el equilibrio físico y emocional. Fue otra herramienta para cultivar el bienestar interior.

Según los institutos de salud estadounidenses, el yoga ayuda a gestionar el estrés; además, favorece la salud y la presencia mental, una alimentación más sana, la pérdida del peso innecesario y la calidad del sueño. Cada mañana realizo al menos un saludo al sol y una serie de posturas del guerrero para aprovechar todos los beneficios de la respiración profunda (o diafragmática), centrar la mente en el presente, ejercitar mi cuerpo con movimientos intensos y abrir mi corazón a la compasión. Antes de comenzar mi práctica, no sabía que respiraba mal, ni siquiera se me había ocurrido que existiera un modo correcto de hacerlo: inspirar por la nariz, llevar el aire al estómago, dejar que el diafragma se contraiga y que el estómago se expanda al llenar los pulmones de aire. Hago todos mis ejercicios de respiración antes de una conferencia o de una conversación difícil. Es una práctica que me tranquiliza, limpia mi mente de pensamientos superfluos y me abre a la posibilidad de comunicar mejor mi mensaje sin que me estorben las emociones del momento y sin ponerme a la defensiva en caso de que mi interlocutor no reaccione como yo esperaba.

Cuando enfrentamos un desafío físico, mental o emocional, nuestro organismo activa la modalidad de estrés conocida como lucha o huida. El estrés es una experiencia cotidiana: es lo que nos levanta de la cama todas las mañanas. Existen dos tipos: *eustrés* y *distrés*.[3] El primero es el «estrés bueno» que contribuye a la motivación, a la concentración y a la energía; es el estrés que nos permite prestar atención cuando manejamos por una calle poco iluminada durante la noche. El *eustrés* nos ayuda a superar obstáculos, es manejable y de gran utilidad cuando la situación lo amerita. Por su parte, el estrés «malo», el *distrés*, tiene resultados opuestos. Entorpece la atención, debilita la motivación y agota nuestra energía. Nos hace sentir ansiosos, inseguros y angustiados. Cuando es agudo o crónico y va acompañado de hábitos malsanos (fumar, comer o beber en exceso, y no hacer ejercicio) puede, literalmente, hacer que nos enfermemos.

Un aspecto interesante del estrés es que cambia mucho dependiendo de cómo lo veamos, y no de la situación en sí.

Este es otro ejemplo del control que podemos ejercer en nuestra vida. Yo decidí enfrentar el estrés como un desafío. Cuando me siento estresada, me pregunto: «¿Hay algo que pueda aprender de esta experiencia o situación?». Tal vez se trate de un descubrimiento muy simple, como darme cuenta de que mi fuente de estrés es en realidad una fuente de motivación disfrazada. Tal vez lo que tengo frente a mí no es un obstáculo, sino un catalizador para el cambio que puede ayudarme a alcanzar mis objetivos. Por ejemplo, cuando empiezo a angustiarme por todas las cosas que tengo que hacer para que un evento internacional con invitados de todas partes del mundo resulte bien, me sirve mucho descomponer el proceso en actividades diferentes y ver cada una como un paso que va a acercarme a mi objetivo. Pasé meses desarrollando esta habilidad, el cambio de perspectiva transformó mi estrés en motivación. Desde este punto de vista, el estrés es un indicador de que algo nos apasiona realmente y una herramienta de crecimiento que prepara nuestra mente y cuerpo para un trabajo importante.[4]

Otra cosa que vale la pena notar es que el estrés en sí no nos daña; el problema surge cuando no tenemos tiempo para recuperarnos. Piensa en todas esas veces que te saltaste una comida o un día de gimnasio con la excusa de no tener suficiente tiempo, o cuando te pasaste la noche entera trabajando porque tenías que cumplir con una fecha de entrega. Con el tiempo, esos «atajos» tienen efectos contraproducentes sobre nuestra salud y bienestar. La vida deja de ser un agradable paseo y se convierte en un devastador campo de obstáculos.

Nos toca a nosotros decidir emplear el tiempo necesario para recuperarnos y crear pausas a lo largo del día, de la semana o del año. Incluir estos *breaks* en nuestro día a día puede prevenir el estrés crónico y crear momentos de descanso (micro, medio o macro) para aprovechar al máximo nuestra energía y evitar un colapso. A veces, cuando nos sentimos abrumados por la dificultad de la vida, las emociones más intensas llegan en oleadas, por eso es importante dedicarnos momentos de descanso y recuperación durante los periodos difíciles. Respirar hondo, activarnos físicamente y centrarnos en el presente son ejemplos de microrrelajamiento capaces de contrarrestar los efectos del estrés «malo». El descanso medio engloba una alimentación sana, ejercicio físico y horas de sueño. Las vacaciones son un ejemplo de macrorrecuperación que promueven la salud y el rendimiento.[5]

A veces, cuando nos sentimos abrumados por la dificultad de la vida, las emociones más intensas llegan en oleadas, por eso es importante dedicarnos momentos de descanso y recuperación durante los periodos difíciles.

Aprender a manejar el estrés y cuidar nuestra salud son pasos importantes hacia la felicidad. Existe una práctica alterna que, según los estudios, incrementa la felicidad, la motivación y la sensación de tener un propósito: consiste en identificar y utilizar nuestras fortalezas.[6] Estas son las capacidades mentales, emocionales y conductuales[7] con las que nacimos. Es la combinación de nuestros talentos naturales y de las habilidades que vamos cultivando a lo largo de la vida.[8] Identificarlas puede ayudarnos a alcanzar el éxito personal y profesional.[9] Yo aprendí a acercarme a la vida usando mis fortalezas, lo que me ayudó mucho a reforzar mi autoestima. Todos tenemos talentos y recursos cuya combinación nos vuelve únicos y maravillosos.

A través de la introspección podemos reconocer los mejores aspectos de nosotros mismos, y por medio de la acción podemos ponerlos en práctica; esto nos proporcionará un mayor sentido de autonomía y control sobre nuestra vida cotidiana, lo que a su vez favorece un comportamiento que se centra en alcanzar objetivos. Así, la vida deja de ser algo que uno contempla desde afuera. A través de nuestras fortalezas podemos planificarla y acceder a la motivación necesaria para llegar a las metas que nos propusimos.

Existen varios métodos para identificar nuestras fortalezas; por ejemplo, puedes responder las preguntas que hallarás al final de este capítulo o reflexionar sobre esos momentos en los cuales alcanzaste un estado de fluidez, es decir, un estado en el que perdemos la noción del tiempo, nuestras capacidades están a la altura de la tarea y centrarnos en ella nos produce placer.[10] En pocas palabras, estamos motivados e inmersos en la actividad. Piensa en las veces que te has sentido así y toma nota de los aspectos que más destacaron. Otro método consiste en pedir la opinión de la gente que nos conoce bien; por ejemplo, pregúntale a un amigo o amiga de confianza cuáles son tus talentos, tal vez descubras atributos de ti mismo que desconocías.

Todos podemos escoger de un amplio abanico de profesiones y ocupaciones. Otra forma de cultivar la felicidad es elegir un trabajo que nos permita explotar y perfeccionar nuestras habilidades. Yo habría podido trabajar en el campo de las finanzas o de la tecnología; sin embargo, no tengo mucho talento ni para lo uno ni para lo otro, por eso decidí dedicarme al emprendimiento y crear una actividad que favorece mis fortalezas: el valor, la curiosidad, la creatividad y el amor. De este modo, puedo alcanzar mis objetivos trabajando en un estado de fluidez que potencia mi productividad, motivación y energía creativa. Si sacamos a relucir nuestras fortalezas y las aprovechamos, no solo seremos capaces de experimentar el estado de fluidez con más frecuencia, sino que nos convertiremos en mejores versiones de nosotros mismos.

SUGERENCIAS PRÁCTICAS

1. En lugar de esforzarte por reprimir el estrés, trata de identificarlo. ¿Qué te dicen tus emociones? Vuélvete consciente de tu estrés, porque es señal de que tienes ante ti algo que te importa mucho. Trata de ver tu reacción al estrés como un posible estímulo para actuar.
2. Reflexiona sobre la vida que quieres tener y elabora un plan para hacerla realidad. ¿Cuáles áreas del bienestar puedes mejorar y cuáles requieren un esfuerzo extra? ¿Qué habilidades puedes aprender? ¿Qué fortalezas puedes desarrollar? Busca un cuestionario en línea para identificar tu perfil, como los de Via Character Strengths Survey <https://www.viacharacter.org/> y Strength Profile <https://strengthsprofile.com>.
3. Piensa en los momentos en los que alcanzaste un estado de fluidez. ¿Qué estabas haciendo? ¿Estabas solo o en un grupo? ¿Qué elementos te permitieron centrarte de lleno en tu tarea? Planifica nuevas oportunidades de fluidez.

5

Mantente en movimiento

Cada quien se encamina en la vía del bienestar interior a su manera; sin embargo, para todos, el recorrido comienza cuando entramos en sintonía significativa con nuestra mente y nuestro cuerpo.

LAKSHMI MENEZES

Cargar con el luto es difícil y sentarse con su peso lo es todavía más. Yo prefiero actuar. ¿Cómo aceptar que en tan solo diez días el amor de mi vida había muerto? No es posible superar una pérdida así, aprendes a convivir con la ausencia porque es demasiado doloroso quedarse estancado. Todos hemos experimentado momentos terribles y se necesita coraje para seguir adelante. Los verdaderos héroes eligen la vida, pero esto solo sucede después de haber aceptado que todas nuestras lágrimas no pueden cambiar el pasado. Para crecer hay que moverse y ese movimiento puede ser físico o mental; ambos son necesarios y están interconectados a través de la relación entre la mente y el cuerpo. La mente interactúa con el cuerpo y el cuerpo interactúa con la mente proporcionando un *feedback* constante que puede determinar efectos positivos o negativos.

Para crecer hay que moverse y ese movimiento puede ser físico o mental; ambos son necesarios y están interconectados a través de la relación entre la mente y el cuerpo.

Uno de los fundamentos de la felicidad es el bienestar físico. Yo trato de recordarlo en todo momento, sobre todo cuando estoy cargada de compromisos y no me queda mucho tiempo libre. Mi trabajo es un flujo continuo de reuniones, viajes y escritura; es decir, a veces no me queda mucho tiempo libre para hacer ejercicio o para escuchar las señales que mi cuerpo me envía. Para tratar de contrarrestar este ritmo de vida, practico diez minutos de yoga todas las mañanas antes de iniciar mi día. Nuestra forma de movernos y nuestra postura inciden sobre el estado de ánimo. A veces solo con cambiar de posición podemos transformar la perspectiva que tenemos de las cosas. El yoga es una excelente manera de reactivar el cuerpo a través de una respiración profunda y una combinación de posturas complejas. La paradoja es que necesito más ejercicio justamente cuando tengo más trabajo y tiendo a descuidarlo; se trata de un vicio que estoy tratando de corregir. Por ejemplo, si tengo que escribir un texto muy largo, me obligo a levantarme del escritorio cada dos horas y salir a dar un paseo: una vuelta por la manzana y recupero la energía y la concentración. Hacer ejercicio al aire libre redobla los beneficios de esta actividad, porque además del movimiento físico,[1] uno experimenta sensaciones positivas al hallarse en la naturaleza.

En realidad, cualquier cosa sirve: poner un poco de música y bailar en tu sala es igual de útil que salir a correr.

Cuando no me muevo durante demasiado tiempo o descuido el ejercicio, me doy cuenta de la diferencia. Mi estado de ánimo y mis niveles de energía bajan, eso es porque el movimiento determina verdaderos cambios biológicos en nuestro organismo. Estimula la liberación de endorfinas, los neurotransmisores que nos hacen sentir bien; disminuye los niveles de cortisol; mejora la salud del cerebro; ayuda a controlar el peso; reduce el riesgo de enfermedades, y refuerza los músculos y los huesos.[2] Básicamente, le estamos delegando a la biología la mano de obra, dejándole la tarea de elevar nuestro estado de ánimo de forma natural. Entonces, si quieres ser feliz, el ejercicio físico es esencial.

El movimiento mental también es muy importante para cultivar la felicidad. Con esto me refiero a practicar el pensamiento flexible y adoptar un esquema mental de crecimiento. Yo me di cuenta de los beneficios del movimiento cuando comencé a hacer viajes entre Miami y Washington. Iba de aquí para allá cada semana; siempre estaba activa. Me subía al avión y llegaba a una ciudad nueva y llena de gente desconocida. Gracias a eso no me enfocaba tanto en lo que había perdido, sino en lo que podía ganar.

Todo era nuevo. ¿De qué manera podía proteger a mis hijos de la «situación» y crear una mejor vida para los tres? ¿Y en qué consistía esa «mejor vida»? Tuve que aprender muchas cosas nuevas porque la realidad que conocía ya no existía. No sé cómo explicar todas las veces que pensé: «¿Qué estoy haciendo?» o «¿Adónde voy?». ¿Y la respuesta? No tenía la menor idea, pero sabía que con el tiempo, lo descubriría. Mi meta era la felicidad, pero ¿dónde se encontraba exactamente?

Es importante no dejar que nuestros pensamientos nos acorralen: los negativos, los superfluos o, peor aún, los tóxicos. Todos tenemos pensamientos que escapan de nuestro control. Cuando perdemos algo —una persona, un trabajo o una oportunidad—, es muy fácil quedarse atrapados en el luto, la nostalgia, el remordimiento o, en el peor de todos, el «si hubiera...». Ese pensamiento recurrente es un juego perverso de nuestro cerebro, el canto de una sirena que busca seducirnos y se basa en un falso sentido de control: la ilusión de poder cambiar el pasado.

Es importante no dejar que nuestros pensamientos nos acorralen: los negativos, los superfluos o, peor aún, los tóxicos. Todos tenemos pensamientos que escapan de nuestro control.

Yo también bailé con los lobos del «si» y, a lo largo de dos años, tuve varios periodos en los que me entretuve con ellos. Lo que se repetía y repetía en mi mente era: «Si hubiera llevado a

Ricardo a otro hospital, tal vez...». Pensamientos como esos no traen nada bueno; para empezar, era imposible llevar a mi esposo a otro hospital, ¿para qué insistir? En segundo lugar, esa preocupación innecesaria agravaba mi dolor. Era inútil obsesionarme con esa idea, no podía volver al pasado.

A veces tenemos incidencia sobre las cosas que nos angustian, en ese caso, nuestro sufrimiento llega a resultar provechoso. Una buena dosis de ansiedad puede resultar eficaz cuando uno tiene que respetar una fecha de entrega: nos sentimos mal, estamos nerviosos y tal vez no logremos dormir, pero la necesidad de actuar nos permite entregar el trabajo a tiempo o no perder un vuelo. En mi caso, sin embargo, pensar y pensar en el hospital no cambiaría las cosas, solo podía multiplicar el dolor y el remordimiento; por eso, decidí dejarlo atrás, y cuando sentía que me inundaba otra vez, desplazaba mi foco de atención y continuaba «moviéndome», de este modo logré dejarlo de lado por completo.

Por naturaleza, nuestra mente divaga; entonces, pensamientos como este van y vienen todo el tiempo, son como las olas del mar que rompen sobre una playa y no podemos hacer nada para detenerlos; de hecho, tratar de hacerlo es contraproducente. Sin embargo, al mismo tiempo, debemos evitar que la marea nos arrastre. Una forma de lograrlo es considerarlos una simple fuente de información. Por ejemplo, yo reinterpreté lo del hospital como un recordatorio de que no puedo intervenir en el pasado y que intentarlo es dañino para mi bienestar presente.

Los pensamientos son como las olas del mar que rompen sobre una playa y no podemos hacer nada para detenerlos; de hecho, tratar de hacerlo es contraproducente. Sin embargo, al mismo tiempo, debemos evitar que la marea nos arrastre.

Los pensamientos negativos son como un charco de agua que deja la marea: si el mar no regresa para alimentarlo, el agua se estanca; sin embargo, una nueva ola lo reanima y le trae nueva vida. Si ejercitamos el pensamiento fluido, es decir, si dejamos que las ideas corran por nuestra mente sin aferrarnos a ellas, creamos espacio para nuevos pensamientos. Nos «movemos» con la mente al igual que con el cuerpo. No digo que sea fácil. Es más, puede ser muy complicado porque el miedo, la ansiedad y la soledad tienen el poder de paralizarnos física y mentalmente. A veces quedarnos sentados con nuestras emociones no es un problema, pero debemos reconocer el momento indicado para levantarnos. Recuerda que cuando nos sentimos tristes lo último que queremos hacer es salir de la casa, bailar, hacer ejercicio, practicar gratitud y positividad. Yo he estado ahí, pero aprendí que no se necesita esperar a tener ganas: debemos hacer todas estas cosas con disciplina. No nos detenemos a reflexionar sobre los beneficios de lavarse los dientes, queremos dientes fuertes, encías sanas y un aliento agradable, por eso lo hacemos y ya. A veces, incluso ahora, me siento triste, pero cuando me muevo, mi ánimo mejora. Adopté una nueva perspectiva.

Aquí tienes otro ejemplo de movimiento mental: en cuanto regresé del hospital donde murió Ricardo, inmediatamente después de abrazar a mis hijos, fui a nuestro baño y tiré a la basura el cepillo de dientes y la espuma para rasurar de mi esposo. Tenía que reorientar mi mente y hacerle entender que ya no estaba vivo y que no volvería. Tal vez les parezca un gesto extremo y prematuro, pero yo estaba muy atada a la idea de mí misma como su esposa y por instinto sabía que necesitaba convencerme de que él ya no existía si quería encontrar la fuerza para enfrentar una nueva realidad.

Imagino que muchos sintieron algo similar al final de una relación, después de una ruptura o cualquier otra forma de luto. El cambio de identidad que conlleva una pérdida implica un esfuerzo enorme y puede tener un grandísimo impacto. Cada uno vive el luto a su manera y, de acuerdo con mi experiencia, no existen fases o estados predeterminados. Existe solamente una maraña de emociones, pensamientos y decisiones. El tiempo calma todas estas cosas; sin embargo, *cuánto* tiempo debe pasar es del todo subjetivo. Lo cierto es que en cada instante del proceso podemos elegir centrar nuestra mente sobre las cosas bellas del pasado, las que podemos cambiar en el presente y las que podemos planear a futuro. Mi esposo era médico y siempre decía: «A veces se necesita la pócima del tiempo para sanar».

El cambio de identidad que conlleva una pérdida implica un esfuerzo enorme y puede tener un grandísimo impacto. Cada uno vive el luto a su manera y, de acuerdo con mi experiencia, no existen fases o estados predeterminados.

Los estudios sobre la memoria nos muestran que lo que se queda grabado en nuestros recuerdos son los elementos más importantes de las experiencias que vivimos.[3] Por ejemplo, si pensamos en unas vacaciones de dos semanas, no vamos a recordar cada segundo. A nuestro cerebro le encanta la eficiencia, por eso, lo que va a hacer es eliminar la información superflua para registrar los momentos importantes, feos, bellos o finales. Por supuesto, la pérdida de mi esposo fue una experiencia importante; nada agradable, pero relevante. El lado positivo de este mecanismo es que el crecimiento postraumático nos permite renovarnos. Antes yo me preocupaba mucho por varias cosas. Siempre me preguntaba: «¿Me veo bien con lo que me puse?», «¿Dije lo que debía?», «¿Mi presentación salió como tenía que salir?», «Aunque olvidé dos palabras, ¿le habrá gustado al cliente?». Estos son pensamientos que aún tengo, pero ya no me atormentan: aprendí a soltarlos sin darles demasiada importancia. Ahora los considero detalles irrelevantes que no merecen mi energía. En pocas palabras, me volví más resiliente.

Al igual que todos, a veces me dejo llevar por el remordimiento y el dolor, pero como me ejercité en el «movimiento mental», me cuesta menos trabajo desviar mi atención, con lo cual evito quedar atrapada entre preocupaciones innecesarias e insistentes. Comprendí que las trampas de la mente marchitan la felicidad y nos confunden. Cuando una de ellas me asalta, me digo a mí misma: «Puedes dejar que se vaya o puedes darle vueltas». Sé que ciertos pensamientos son como el azúcar: calorías vacías para el metabolismo de la mente. Para evitar que me abrumen, me doy a mí misma un máximo de cinco minutos para cavilar estas ideas o para autocompadecerme y luego pasó a otra cosa. No reprimo mis emociones; por el contrario, elijo en cuáles concentrar mi energía, mis acciones y mis pensamientos. Cuando estoy frente a algo que me preocupa mucho, me pregunto a mí misma: «¿Hay algo que pueda hacer? ¿Hay algún aspecto de esta situación que esté bajo mi control?». Aprendí a hacer que mis pensamientos fluyan más lento para tomar consciencia de las alternativas; de este modo, puedo elegir las reacciones y acciones que me sirvan para acercarme a mi objetivo y a las personas que yo quiera.

Seamos claros, no se trata de un proceso lineal, está lleno de agujeros, tropezones y desvíos, pero eso no es algo malo. Lo importante es subir por la escalera de la felicidad trabajando para obtener nuestras metas, invirtiendo en nuestras relaciones sociales y disfrutando el recorrido. Habrá momentos en los que topes con pared, algunas veces por culpa del estrés, otras porque la situación está fuera de nuestro control. Yo acepté el riesgo de volver a enamorarme y salí con el corazón destrozado; sin embargo, si permanecemos en el presente y usamos los instrumentos que nos resultan más útiles, nos daremos cuenta de que en el fondo no nos hemos quebrado y encontraremos el camino para ser más felices.

Todavía no he terminado mi recorrido, pero ahora sé dónde se encuentra la felicidad. Está dentro de nosotros. Comienza en nuestro interior y de ahí la transmitimos a los demás.

No reprimo mis emociones;
por el contrario, elijo en cuáles concentrar
mi energía, mis acciones y
mis pensamientos.

SUGERENCIAS PRÁCTICAS

1. Busca mantener una relación saludable con tus preocupaciones y ver las cosas en su justa medida y proporción. Recuerda buscar lo «bueno» que hay en el día a día. Habla sobre ello y escríbelo en tu diario, aprende así a centrar tu atención en lo positivo.
2. Pon tu música favorita y baila. Si trabajas desde casa, programa un temporizador para que a intervalos regulares te recuerde que debes salir a pasear. Pasar tiempo al aire libre y entre la naturaleza tiene grandes beneficios.
3. Date cuenta de los eventos que desencadenan el círculo vicioso de los pensamientos negativos. ¿Puedes preverlos? Escribe dos técnicas para contrarrestarlos.

6

Soltar el dolor y dejar espacio para el crecimiento

Cuando le obstruyes el paso al dolor,
obstruyes el paso a la felicidad.

BRENÉ BROWN

La felicidad necesita espacio para crecer.

En la vida hay momentos en los que sentimos la necesidad de algo nuevo o el instinto de evolucionar. Siempre que sea posible, debemos soltar el pasado. En mi caso, el proceso comenzó un año después de la muerte de Ricardo. Estaba en la universidad con un grupo de compañeros y alguien contó un chiste, una historia divertidísima. Yo, sin embargo, no me reí. Mi estado de ánimo era distante y juzgaba todo. Me analizaba desde afuera y me preguntaba si una viuda como yo tenía permitido reírse. En ese momento, me di cuenta de algo importante: aunque era bastante malo que Ricardo no estuviera, ¿de verdad tenía que ser horrible todo lo demás? Claro, cuando atravesamos un momento difícil, es importante no restarles importancia a nuestras emociones, pero también es importante aceptar los sentimientos positivos. Debemos hacer espacio en nuestra mente y nuestro corazón para la posibilidad de la felicidad, y no una felicidad forzada, sino una natural.

Esto no quiere decir que neguemos las emociones dolorosas; significa que nos abramos al espectro de sensaciones humanas, incluyendo las ganas de reírse que puede tener una viuda. No hay que tenerle miedo a la felicidad y, si es posible, ni siquiera a la tristeza. La vida contiene ambas y nosotros podemos hacer muchas cosas para acrecentar nuestra felicidad y la de los demás. Lo primero es hacerle espacio.

Las experiencias difíciles dejan cicatrices, pero debemos recordar que representan solo una parte de nuestra vida y no su totalidad. Después de mi luto, algunas personas, entre ellas amigos, dieron por sentado que debía comportarme de cierta forma. Por lo regular, esos juicios venían de personas que nunca habían vivido una experiencia como la mía, pero tenían ciertas expectativas basadas en sus convicciones autolimitantes.

Si estás atravesando un momento difícil, quizá algunas personas de tu círculo social te traten diferente; rara vez lo hacen para herirte, lo que pasa es que adoptaron un comportamiento que se ajusta a sus esquemas mentales, o tal vez tienen miedo de considerar las emociones que suscitó lo sucedido. Casi siempre sus intenciones son buenas, pero te miran a través de un lente preconcebido. Esperan de ti reacciones predecibles porque para ellos es mucho más sencillo colocarte en un paradigma conocido, esto no quiere decir que debes adecuarte a ellos. A veces sentimos que nuestra vida se descarriló y nos cuesta mantener el paso con la «manada»; para sanar debemos caminar en la dirección opuesta: debemos pasar tiempo con las personas que refuerzan nuestro sentido de pertenencia y que nos aceptan incondicionalmente.

Personas capaces de ver lo que somos y no solo lo que nos pasó. Después de una experiencia traumática, tenemos la desesperada necesidad de volver a la normalidad, por eso es muy importante no sentirnos juzgados ni por nosotros mismos ni por los demás. Debemos tomarnos el tiempo necesario para aceptar la situación y los cambios que produjo en nuestro interior.

No es nuestra obligación adaptarnos a lo que los demás piensan de nosotros. No necesariamente hay que sufrir. Así como no debemos reprimir la tristeza, tampoco debemos reprimir la felicidad. Si sonreímos, nos ponemos un vestido rojo o salimos a cenar con nuestros amigos, no quiere decir que olvidamos la pérdida. Seguiremos sufriendo el tiempo que sea necesario, tal vez por el resto de nuestros días, pero de una manera que no obstaculice nuestro bienestar y que incluso nos proporcione nuevas oportunidades para crecer. Una de las cosas más importantes para reencontrar la felicidad es abrirse a todas las emociones, incluyendo las «negativas», como el sufrimiento, la desilusión, la rabia o el luto. En el contexto adecuado, estos sentimientos pueden ser útiles.

De acuerdo con el modelo de expansión-construcción desarrollado por Barbara Fredrikson, las emociones negativas tienen un lado positivo porque nos permiten concentrarnos al máximo y adoptar acciones específicas.[1] Digamos, por ejemplo, que quieres terminar una relación tóxica, ya sea sentimental o profesional. Es una decisión difícil, sin embargo, las emociones negativas que suscita en ti pueden ayudarte a concentrarte y decidir cómo y cuándo irte, así como las medidas que deberás adoptar para salvaguardar tu salud y tu integridad. Cuando negamos las emociones, lo único que conseguiremos es intensificarlas. Si reprimimos el dolor, le damos fuerza. Veámoslo así: si yo te digo que NO pienses en un elefante rosa, ¿qué pasa? De inmediato, en tu cerebro, aparece un elefante rosa. Las emociones funcionan igual. El secreto es no dejar que nos aprisionen.

También es importante saber que no porque sientes algo debes actuar. Una emoción es una emoción, no hay *buenas* o *malas*. Lo que determina las consecuencias positivas o negativas para nosotros y los demás son nuestros actos. Podemos tomar consciencia de lo que sentimos y luego soltarlo. No tenemos que reaccionar. Asimismo, somos capaces de retener los sentimientos que nos proporcionan información útil o que generan una sensación de bienestar, armonía, satisfacción, significado, gratitud o alegría.

Una emoción es una emoción, no hay buenas o malas. *Lo que determina las consecuencias positivas o negativas para nosotros y los demás son nuestros actos.*

Para crear un ambiente que favorezca la felicidad, necesitamos aprender a liberarnos de los pensamientos, convicciones y emociones contraproducentes. Es importante que nos demos permiso de sentir todas nuestras emociones y, al mismo tiempo, de tomar la decisión de soltar algunas. Yo tuve que aprender a hacer esto. El primer paso fue decidir qué era lo que quería, porque si no hemos identificado con claridad cuáles son los sentimientos de los que queremos desprendernos, será muy difícil lograrlo.

Dejar atrás la vida que conocía desde hace dos décadas para crear una nueva identidad requirió un valor que no sabía que tenía. Me sentí muy frágil, pero mantuve abierta mi mente, no mucho al principio, aunque cada vez más y más conforme avanzaba. Elegí actuar y eso me permitió evolucionar. Concentrarme en los pensamientos coherentes con mis valores y mis metas me dejó entrever una salida. Logré todo esto yo sola. ¿Antes de aquella elección habría sido capaz de conseguir un máster, fundar una empresa e inaugurar un movimiento? No lo creo. En retrospectiva, suena arriesgado cambiar de vida, carrera, casa e identidad; sin embargo, en ese momento no tenía miedo porque sabía que debía superar mis límites.

Es difícil soltar el dolor y otras emociones, porque a veces son como una vieja cobija: nos hemos acostumbrado a taparnos con ella y su peso nos reconforta, aunque permanecer atado a ciertos sentimientos tiene un precio. Pueden absorber nuestra energía y empobrecer nuestra vida al ocupar un espacio que habría que dejar abierto para que la felicidad extienda ahí sus raíces.

En mi caso, el dolor se había convertido en un sustituto de la presencia de Ricardo y justo por eso tenía que soltarlo. Temía que dejar de sufrir equivaliera a olvidar a mi esposo. A veces nosotros mismos abrimos heridas del pasado para mantener «cerca» a la persona que perdimos; sin embargo, Ricardo solo volvió a ser parte de mi vida cuando solté el dolor. Hoy hago cosas que él apreciaría y esto me da gusto porque me permite recordarlo con una sonrisa. Por ejemplo, él jamás se quejó, pero mi manía de dejar los platos sucios en el fregadero lo volvía loco. No decía nada y se limitaba a lavarlos, cosa que me irritaba mucho porque me hacía sentir culpable. Hoy en día los lavo en cuanto termino de comer y, al hacerlo, pienso en Ricardo. Además, acomodo el rollo de papel higiénico justo como lo hacía él. Son gestos pequeños, pero me permiten recordar cómo era en la intimidad e integrarlo en mi día a día. Eso me hace feliz.

Practicar la agilidad mental es otra forma de crear espacio entre mis pensamientos y yo. La revolucionaria investigación de Susan David, una psicóloga de Harvard, demuestra que nuestra manera de ver nuestros pensamientos y emociones influye mucho sobre la felicidad, el bienestar, las relaciones interpersonales y el éxito. Las emociones van y vienen como las olas del mar. Es útil considerarlas como fuentes de información ni buenas ni malas. Solo son señales que nos indican el camino hacia una acción o recordatorios de que hay algo que debemos aceptar tal y como es antes de soltarlo. Por eso es importante no decir cosas como: «Estoy enojada», «Estoy decepcionada» o «Estoy triste», sino: «Me siento enojada», «Me siento decepcionada», «Me siento triste». Aprendí que «nombrar nuestras emociones nos permite verlas por lo que son: datos transitorios que pueden ser útiles o contraproducentes».[2]

Nosotros no somos nuestro enojo, desilusión o tristeza. Estas son emociones, no identidades. Si tratamos de actuar a partir de ellas, nos arriesgamos a dejarnos arrastrar por un tsunami mental de pasiones y a adoptar comportamientos imprudentes que pueden dañar nuestra vida profesional y privada. Basta este simple cambio de perspectiva y de expresión para crear un espacio y una distancia entre nuestra identidad y nuestras emociones, a fin de no ser prisioneros de acciones y reacciones automáticas. Al mismo tiempo, debemos darnos cuenta de que todos nos transformamos en aquello con lo que nos identificamos más seguido, ya sea agradable o desagradable, útil o dañino.

Nosotros no somos nuestro enojo,
desilusión o tristeza.
Estas son emociones, no identidades.

Al renunciar a regodearnos en nuestras desilusiones, liberamos espacio para que puedan pasarnos cosas nuevas y positivas. Si tomamos distancia de las emociones, pensamientos y comportamientos a los que estamos tan acostumbrados, adquirimos una visión que nos permite evaluar las oportunidades que tenemos a la mano. Es en este «espacio» donde adquirimos la libertad de decidir sobre nuestras percepciones y comportamientos, y es ahí donde la felicidad encuentra cabida.

La habilidad de ver las oportunidades a mi disposición me dio la fuerza que se convirtió en el valor necesario para hacer mi trabajo y mostrarle amor a mi familia, amigos e incluso a perfectos desconocidos. Hoy viajo por todo el mundo para organizar conferencias cuando antes tenía miedo de hablar en público y me sentía incapaz de hacerlo. Puedo compartir mi historia, difundir un movimiento global sobre la felicidad y transmitir la ciencia que hay detrás de él porque conseguí soltar el dolor. Estas experiencias me hicieron más fuerte y hoy siguen llenándome de coraje.

En los próximos capítulos exploraremos diversas técnicas para hacerle espacio a la felicidad a través de la bondad, el perdón, el amor y la gratitud. Todas estas son cosas que se pueden aprender y perfeccionar y cuya práctica intensifica las emociones positivas. En palabras de Fredrickson: «Cultivar las emociones positivas no solo sirve para contrarrestar las negativas, sino que ensancha los horizontes del individuo y multiplica los recursos útiles para enfrentar la vida».[3]

En mi caso, abrirme a las emociones positivas mejoró mi perspectiva y me mostró las oportunidades que tenía. Comprendí, entre otras cosas, que podía invertir en la creación de una empresa dedicada a la felicidad, lanzar un movimiento, viajar con mis amigos, aceptar una invitación a cenar, llorar y luego sonreír. Podía crecer del trauma. En cambio, la rigidez emocional y los pensamientos tramposos tienen el resultado opuesto. El círculo vicioso de ideas negativas reduce nuestra libertad para elegir y nuestra felicidad. El primer paso es identificar cuáles son los pensamientos que pueden convertirse en una trampa.[4]

Recordemos, por ejemplo, esas veces en las que, de manera obsesiva, le damos vueltas y vueltas a una cosa como si fuéramos hámsteres que corren en una rueda sin jamás llegar a ninguna parte. A mí me pasaba muy seguido: me quedaba cavilando sobre mis miedos o ansiedades. Uno de mis pensamientos recurrentes era: «¿Cómo le voy a hacer para mantener a mis hijos yo solita?». Al final, comprendí que debía desechar esa idea porque absorbía mis energías y las necesitaba para actuar; además, interfería con mi capacidad para resolver problemas, limitaba mi margen de elección, me quitaba el sueño y me aprisionaba en una espiral de ansiedad. De hecho, el sueño es un excelente indicador para determinar si estamos en un círculo vicioso del pensamiento. ¿Te cuesta trabajo quedarte dormido? ¿Duermes toda la noche o te despiertas seguido? Cuando te levantas, ¿te sientes bien? Yo pasé muchas noches sin dormir antes de decidir inscribirme a Georgetown.

La investigación de Carol Dweck sobre los esquemas mentales que indican el crecimiento me sirvió mucho para entender que mirar la vida desde la perspectiva de la evolución y el aprendizaje nos libera de la amargura y de la tendencia a juzgar a los demás y a nosotros mismos. Separarnos de los esquemas rígidos nos proporciona enormes cantidades de energía para enfrentar situaciones y problemas, gracias a lo cual se presentan alternativas que antes no habíamos contemplado. Claro, sería lo máximo poder crecer sin tener que movernos de un camastro junto a una alberca mientras sorbemos uno de esos exóticos cocteles decorados con una sombrillita, pero las cosas no funcionan así; hay que actuar.

El primer paso es identificar cuáles son los pensamientos que pueden convertirse en una trampa.

Si lo buscamos de manera activa, descubriremos que el crecimiento está siempre a nuestro alcance, sobre todo después del fracaso. La vida ofrece miles de oportunidades, grandes y pequeñas, para evolucionar y transformarnos. A veces crecer cuesta trabajo y puede que no nos sintamos del todo felices mientras sucede, pero no pasa nada. Renunciar a una vieja identidad nos asusta; sin embargo, la metamorfosis puede ser una increíble experiencia de autodescubrimiento y una oportunidad para vivir una vida más plena, como le sucede al gusano que, de un humilde ser atado a la tierra, se transforma en una mariposa que alza el vuelo.

Al deshacerme del peso del dolor, pude ver las opciones que tenía frente a mí y decidí ser feliz.

Renunciar a una vieja identidad nos asusta; sin embargo, la metamorfosis puede ser una increíble experiencia de autodescubrimiento y una oportunidad para vivir una vida más plena.

SUGERENCIAS PRÁCTICAS

1. Te aconsejo que veas la charla TED de Susan David titulada «Emotional Agility». Después, intenta reconocer los esquemas de pensamiento con los que más te atoras. Usa otras palabras para referirte a tus emociones (cambia «Estoy...» por «Me siento...»). Acepta el espectro de sensaciones y pensamientos, toma en cuenta que todos son transitorios y reacciona solo cuando se alineen a tus valores.
2. Trata de rodearte de gente optimista. La felicidad es contagiosa. Para reconocer a las personas indicadas, piensa en cómo te sientes después de haber pasado tiempo con tal o cual individuo. ¿Tienes más energías, o, al contrario, estás agotado?
3. Identifica los aspectos de tu vida en los cuales te gustaría liberarte de un esquema de pensamiento rígido para adoptar uno que favorezca tu crecimiento. ¿Hay algo, aunque sea una cosa nada más, a lo que quieras renunciar? ¿Hay algún paso, por pequeño que sea, que puedas tomar en este momento? Escribe la respuesta en una nota adhesiva y pégala en el espejo de tu baño como un recordatorio para reorientar tu mente a la acción. Por ejemplo: si lo que te causa ansiedad es la preocupación por el dinero, tal vez puedes tomar un curso en línea sobre el manejo de finanzas personales. Date cuenta de los mitos que encierran tus creencias y busca disiparlos. Acepta que comenzar algo nuevo puede ser difícil e inténtalo de todas formas.

PARTE III

UN NUEVO APRECIO POR LA VIDA

Hay una gran belleza en
las cosas más pequeñas.

MEHMET MURAT ILDAN

7

Saborear la vida y las cosas que me hacen feliz. ¿Por qué? ¡Porque sí!

Cada quien tiene sus pequeños placeres en la vida, esos momentos especiales que podemos disfrutar a lo largo del día sin necesidad de reflexionar o planificar: nos traen satisfacción y ya, y eso es justamente lo que los hace tan importantes. Tal vez parezcan banales, pero en realidad estas experiencias ordinarias de lo cotidiano sientan las bases para construir la resiliencia necesaria y soportar un ambiente físico y emotivo en constante cambio. Cultivar esos *destellos* de felicidad en lugar de los *detonantes* de pensamiento negativo favorece la felicidad plena e integral. Esos momentos son todavía más especiales cuando los compartimos con alguien, porque nos brindan uno de los factores fundamentales del bienestar: una sólida red de relaciones afectivas.

Cultivar esos destellos de felicidad en lugar de los detonantes de pensamiento negativo favorece la felicidad plena e integral.

Por ejemplo, desde hace casi dos decenios, cuento con una presencia muy importante en mi vida que me trajo consuelo en los periodos de sufrimiento y soledad. Tenemos largas conversaciones y, aunque de los dos solo yo tengo el don de la palabra, sé que él me escucha. Estoy profundamente agradecida por la fidelidad, constancia y compañía con la que enriqueció mi día a día. Hablo de Junior Guggenheim, mi shih tzu. En nuestros casi veinte años de vida juntos, me hizo reír, elevó mis niveles de serotonina y su presencia encontró por siempre un lugar en mi corazón y alma. Para mí, el recuerdo de nuestras interacciones pasadas es muy importante y hoy en día continúo apreciando nuestra relación.

Sé que no estoy sola: miles de personas en todo el mundo conocen los beneficios de mantener un vínculo con un animal doméstico. En el aislamiento de la pandemia, su presencia, sobre todo la de los perros, fue un gran consuelo para muchísima gente. Los estudios científicos demuestran que los animales contribuyen a aliviar la soledad, el estrés y la ansiedad, emociones que sufrí durante mi luto. Además, nos vuelven más sociables y nos ayudan a formar nuevas amistades.[1] Puedo confirmarlo por experiencia: Junior es el rompehielos perfecto. Es raro ver un perro de su edad; además, él es precioso, por eso, cuando lo saco a pasear, es casi seguro que alguien se me acerque para platicar.

Algo que hace a Junior tan importante para la familia son las miles de anécdotas que tiene con Ricardo. Es triste pensar que haya convivido con mis hijos más tiempo que su propio padre; pero, al mismo tiempo, su longevidad es una alegría porque su presencia nos ayudó a enfrentar el luto. Son dos caras de la misma moneda y yo decidí concentrarme en el lado positivo. Por ejemplo, en los momentos enternecedores que pasó con nosotros y que fueron parte esencial de nuestra historia familiar y del recuerdo que todos tenemos de Ricardo. Cuando Junior ya no exista, esas historias se convertirán en memorias que habrá que custodiar en nuestra agridulce biblioteca del pasado, como joyas que hacen de la vida algo digno de ser vivido.

Sé que no debería, pero de momento prefiero no pensar en lo que voy a sentir cuando pierda a mi amado perrito; sin embargo, cuando lo hago, siento con más fuerza la felicidad de tenerlo con nosotros, la riqueza que trajo a nuestra vida cotidiana y su enorme contribución a nuestra serenidad. La sola imagen de Junior me hace sonreír. Los estudios realizados en el Happiness Research Institute, en Dinamarca, demuestran que las personas son más felices cuando conservan un recuerdo positivo y nostálgico del pasado. Para mí será así, y eso es un alivio. Según el investigador de la felicidad Meik Wiking, los recuerdos agradables refuerzan nuestra identidad, ayudándonos a fortalecer y a dotar de sentido nuestras relaciones.[2] Nos recuerdan quiénes somos en realidad.

Sé que sentiré nostalgia al pensar en los juegos y payasadas de Junior, por eso elijo concentrarme en el presente. Lo que sucederá en un futuro lo enfrentaré a su debido tiempo. La vida transcurre a su ritmo y tratar de anticiparnos solo la complica. Muchas veces arruinamos la felicidad del momento porque sabemos que tarde o temprano terminará, pero todo termina, esa es la naturaleza de las cosas.

Existe una época y una estación para todo, y si descuidamos el presente para preocuparnos por el futuro, nos arriesgamos a percibir solo una parte de la realidad y a llenar nuestra vida con momentos *vacíos,* ya que somos nosotros mismos los que creamos nuestras experiencias a partir de nuestras percepciones. ¡En muchas culturas se cree que el solo hecho de admitir que nos pasó algo bueno o que somos felices puede traer mala suerte! En realidad, las cosas son al revés. Si encontramos el valor para experimentar a fondo la felicidad y la alegría del momento, y aprendemos a reconocer estas sensaciones cuando las tenemos enfrente, adquirimos una visión más equilibrada de la vida. Concéntrate en el aquí y el ahora: en este preciso instante, casi todo está bien. Claro, las cosas podrían ser mejores, pero también podrían ser peores, y en este momento, en esta línea del tiempo, estamos a salvo.

Si encontramos el valor para experimentar a fondo la felicidad y la alegría del momento, y aprendemos a reconocer estas sensaciones cuando las tenemos enfrente, adquirimos una visión más equilibrada de la vida.

Lo que sirve mucho es concentrarnos en lo que «va bien». No siempre es fácil, porque todos tendemos a quedarnos estancados en esquemas mentales que son contraproducentes y en formas de pensar tan frecuentes que se convierten en una segunda naturaleza. Si esto también aplica para ti, recuerda lo que dicen los expertos: cuando le atribuimos más valor a lo positivo, lo positivo crece y se multiplica. Todo aquello a lo que prestamos atención resalta. Si te esfuerzas en tomar conciencia de eso, incrementarás el número de cosas bellas en tu vida porque aprendiste a reconocerlas.

Buscar lo positivo, centrarse en las actividades y las relaciones que nos dan una sensación de satisfacción, paz y armonía, nos hace sentir mejor. Para esto, una de las herramientas más potentes a nuestra disposición es la naturaleza. Los estudios demuestran que pasar tiempo al aire libre nos hace sentir más unidos con las personas a nuestro alrededor, facilita la comunicación y desarrolla la creatividad. Además, y tal vez este sea el aspecto más importante, la naturaleza ayuda a reforzar el carácter y nos hace sentir más seguros.[3]

Aprovechar esta herramienta es facilísimo. Cuando te encuentres en medio de la naturaleza, concéntrate en la belleza que hay a tu alrededor y busca un estado mental que te predisponga a descubrir y maravillarte. Trata de pasar al menos dos horas a la semana al aire libre, esto será para ti una verdadera inyección de bienestar.[4] Puedes dar una vuelta por el bosque, ir al parque u observar una puesta de sol en el mar. No importa cuánto dure cada una de estas excursiones, lo importante es acumularlas.

Podrá parecer extraño, pero yo sola me di cuenta de las increíbles puestas de sol que pueden disfrutarse desde la ventana de mi departamento cuando estuvimos encerrados por la pandemia. Siempre las tuve frente a mí, pero jamás les presté atención, era como si no existieran. La primera vez que lo noté me dije «¿Y desde cuándo se ve el atardecer desde aquí?». Aunque suene absurdo, así es: siempre hay cosas y personas increíbles frente a nosotros, pero no se materializarán hasta que no las notemos. El ritmo de vida mucho más lento me dio la oportunidad de *expandir* mi campo visual y de apreciar la belleza junto a mí. Este es otro ejemplo de cómo la felicidad crece.

Prestar nuestra completa atención a los momentos hermosos, hablar de las cosas que «salieron bien» durante el día, o de un gesto amable que recibimos, ayuda a corregir nuestra inclinación hacia lo negativo. Por naturaleza, la mente tiende a ver lo «feo», por eso es importante hacer un esfuerzo consciente para prestar atención a lo «bello». A nuestra memoria se le dificulta recordar las cosas buenas, así que hay que tratar de estar presentes cuando suceden. Ya que construimos nuestra vida a través de nuestras percepciones, no notar algo bueno equivale a eliminar el suceso. El lado amable de todo esto es que, al cambiar de perspectiva, cambiaremos también de vida.

Podemos ejercitar nuestra capacidad de apreciar las cosas a través de la música, todos lo hemos experimentado: basta el principio de una canción o unas cuantas notas para despertar una cascada de recuerdos y emociones y cambiar por completo nuestro estado de ánimo. A partir de la corteza auditiva, la música estimula casi todas las zonas del cerebro. Activa y sincroniza las regiones que responden a las emociones y a la memoria e involucra el aparato motor incluso antes de que nuestro cuerpo dé un solo paso.[5] Para el cerebro, equivale a una sesión de intenso ejercicio.

Disfrutar de la música es un hábito que introduje en mi rutina. Cada vez que la escucho, evoco muchos recuerdos felices, nostálgicos, dulces y melancólicos, y a veces pícaros.

Cuando quiero reflexionar, escuchó los clásicos del *rock*. Si estoy deprimida, trato de deshacerme del mal humor con canciones de los ochenta. El músico preferido de Ricardo, Seal, es uno que, de momento, no puedo escuchar, pero Pearl Jam y Bob Marley me salvaron la vida durante el primer año de su desaparición. Al abrir los ojos cada mañana, el día que me esperaba me parecía un obstáculo insuperable. Esas canciones me dieron la fuerza para levantarme, bañarme y vestirme. Sin saberlo, estaba usando un estímulo científicamente comprobado para mejorar el estado de ánimo. Convertí la música en una costumbre. Añadí otra herramienta a mi práctica de la felicidad y fui avanzando lentamente, paso a paso, hacia mi meta. Se dice que con el tiempo los pequeños cambios tienen grandes resultados, y es la pura verdad.

Por naturaleza, la mente tiende a ver lo «feo», por eso es importante hacer un esfuerzo consciente para prestar atención a lo «bello».

Hasta el día de hoy escucho música cuando me preparo para mi día, no espero a que me entren las ganas, para mí es una regla porque sé que me levanta el ánimo. Hoy, el acto se ha vuelto automático: no me detengo a reflexionar sobre los beneficios a largo plazo, lo hago y listo, como el eslogan de Nike:

Just do it. Aunque, claro, es importante elegir la música indicada. Cada uno reacciona distinto a esta o a aquella melodía. Una canción que a mí me parece tranquilizante podría ser irritante para alguien más. Eso es algo maravilloso, porque quiere decir que cada uno es la autoridad máxima en lo que le hace feliz. En el caso de la música, no debemos realizar ni el más mínimo esfuerzo, basta escuchar y dejar que la naturaleza haga lo suyo. He aquí algunos excelentes motivos para integrarla a tus rituales cotidianos: la música «reduce la ansiedad, baja la presión arterial, alivia el dolor y mejora la calidad del sueño, el humor, la lucidez y la memoria».[6] Es la definición de un remedio al alcance de la mano: el máximo de los beneficios por el mínimo esfuerzo.

Entrar en sintonía con lo que nos hace felices es una excelente regla para preparar un plan de vida positivo. Si nos ejercitamos en volvernos conscientes de los comportamientos que mejoran nuestro bienestar, crearemos un ambiente favorable para el crecimiento y desarrollo de la felicidad. Pasamos mucho tiempo planificando, pero no tomamos en cuenta el tiempo y las actividades necesarias para nuestro bienestar, porque nuestra sociedad considera que la prioridad es ser productivos. Todos medimos el éxito de una nación, empresa o individuo con base en su «productividad». Como emprendedora social y devota de la misión de WOHASU tengo la fea costumbre de trabajar los fines de semana o durante las vacaciones. Trato de corregirme, pero en este ámbito todavía hay espacio para grandes mejoras.

Hoy, como parte de mis metas, trato de invertir más tiempo en mi vida personal. Incluso estoy pensando en mudarme de ciudad e ir a algún lugar que me permita integrar mi vida personal y profesional. Es extraño recordar cómo en el pasado quería ser feliz sin hacer esfuerzo alguno y sin decidirlo de manera consciente, solo sabía que quería una vida feliz, ¿y adivina qué? Ya la tenía, pero de eso solo me doy cuenta ahora, porque en ese entonces me concentraba en lo que me faltaba. El resultado era que me aferraba yo sola al malestar y me quedaba quieta a esperar a que llegara ese «algo» que podía hacerme feliz, y aunque por pura casualidad sucediera, para mí solo eran eventos esporádicos e inconexos porque tenía en mi cabeza una idea predefinida de *cómo* tenía que ser la felicidad. No tenía idea de cómo hacerla duradera ni de cuánta satisfacción y motivación se puede obtener de una vida orientada hacia una meta. Era como querer ver construido un edificio sin la más mínima contribución por parte de los ingenieros y los arquitectos. No me daba cuenta de lo ridículo que era dejarle al azar el aspecto más importante de mi existencia, es decir, cómo vivirla y experimentarla. Con frecuencia nos comportamos como si la fuente de la felicidad se hallara fuera de nosotros, cuando en realidad se encuentra en nuestro interior, y solo podemos exteriorizarla después de haberla encontrado. Tomar consciencia de ello le pone fin a esta espera inútil.

Con frecuencia nos comportamos como si la fuente de la felicidad se hallara fuera de nosotros, cuando en realidad se encuentra en nuestro interior.

Buscar la felicidad afuera nos hace sentir vacíos porque la meta parece no llegar nunca y nosotros seguimos persiguiéndola sin poder alcanzarla. Tal vez te parezca que tomarte el tiempo para escuchar música, dar un paseo en la naturaleza, reír con tus amigos, abrazar a familiares, hacerle cariñitos a tu perro o salir a cenar en lugar de quedarte encerrado en la oficina no sea productivo, pero los estudios demuestran que todas estas acciones mejoran nuestro bienestar y esto, a su vez, nos hace más productivos. La felicidad es lo que trae el éxito a cada ámbito: trabajo, vida privada y salud; no al revés.[7] Pero si no lo experimentamos en persona, no lo podemos creer. Así, desperdiciamos días, semanas, años y a veces toda una existencia, persiguiendo una felicidad que nunca llega, cuando en realidad la verdadera vida está en el recorrido y en ser conscientes de la felicidad presente.

Dicho esto, no hay que olvidar aprender del pasado y planificar el futuro para que la felicidad no venga a nosotros solo por casualidad, sino que sea algo duradero. Para ser más felices, debemos esforzarnos por cambiar nuestros esquemas mentales y nuestros hábitos, pues son canales hacia una transformación positiva. Tal vez pienses que no tienes tiempo que dedicarle a tu bienestar, pero ¿alguna vez te has detenido a pensar en todas las horas que pasas siendo infeliz?

La posibilidad de ser felices está al alcance de todos. Observar las maravillas que suceden día con día a nuestro alrededor nos ayuda a desarrollar la presencia mental que necesitamos y a organizar nuestra vida alrededor de las cosas y las personas que de verdad nos importan.

Tal vez pienses que no tienes tiempo que dedicarle a tu bienestar, pero ¿alguna vez te has detenido a pensar en todas las horas que pasas siendo infeliz?

Si nos enfrentamos a los desafíos como oportunidades de descubrimiento y aprendizaje, y prestamos atención a los bellos momentos que le dan sentido a la vida, aprenderemos a ser más felices. Podemos celebrar las experiencias «ordinarias» y dotarlas de un nuevo significado. Por ejemplo, la espectacular puesta de sol que mencioné anteriormente. Obviamente, las puestas de sol suceden todos los días, no hay nada más normal, pero si nos tomamos el tiempo para *de verdad* apreciar el sol que baja por el horizonte y para, tal vez, compartir el momento con un amigo o con nuestra pareja, se tornará especial; es más, podría convertirse en una experiencia memorable, una de esas que se quedan grabadas en nuestra mente.

Todos nosotros tenemos el poder de transformar lo cotidiano en algo maravilloso, y sorprendernos mejora nuestro bienestar.[8] Cuando vivían conmigo, mis hijos asimilaron mis estrategias para la felicidad. Yo sé cómo ser una persona muy molesta; si en las mañanas me siento triste, pongo música, bailo y canto. Desafino mucho, pero voy con mis hijos y les empiezo a cantar «¡Los amo, los amo, los amo!». Obviamente, ellos me ven como si me hubiera vuelto loca, pero para entonces yo ya me siento mejor y todos comenzamos a reír.

El humor es un remedio maravilloso para esos días en los que te sientes mal, reduce el estrés, nos hace sentir en armonía con los demás y libera endorfinas. Es importante notar que, ante una determinada situación, podemos experimentar emociones opuestas al mismo tiempo. Por ejemplo, una amiga mía tiene un sentido del humor muy cínico y ese sarcasmo la ayudó a enfrentar la muerte de su padre. El dolor y las risas a veces coexisten. De hecho, los estudios muestran que reír reduce el dolor físico y puede, incluso, fortalecer nuestro sistema inmunitario. El sentido del humor es otra habilidad que podemos perfeccionar, para mí es muy útil cuando me siento nerviosa o abrumada por todas las cosas que tengo que hacer. Si cambio mi perspectiva y me separo de mis esquemas de pensamiento negativo y, en cambio, encuentro el lado cómico de la situación, esas sensaciones se vuelven menos intensas. La risa es contagiosa. Mi esposo tenía un gran sentido del humor, un aspecto de su carácter que ayudó mucho a que nos lleváramos bien. Hoy lo uso en las reuniones de trabajo, pues me di cuenta de que contribuye a crear un ambiente unido donde la gente colabora, además de reducir el estrés que presupone una conversación difícil. Es un recurso fantástico con los niños porque la interacción se vuelve alegre.

Incluso algo tan sencillo como una sonrisa puede tener un impacto positivo.[9] El acto de sonreír conlleva enormes beneficios, ya que libera dopamina y serotonina, los neurotransmisores del bienestar. Es una excelente manera de «sabotear» el cerebro cuando nos sentimos tristes. Las ventajas las recibe quien sonríe y quien recibe la sonrisa. Yo tengo la costumbre de sonreírle a la gente en la calle o cuando conozco a alguien nuevo. Los resultados son extraordinarios: frente a una sonrisa todos se vuelven más amables y serviciales. Trato, además, de sonreír cuando hago una presentación, aunque a veces me meto demasiado en mi argumento y se me olvida. Pero en cuanto vuelvo a hacerlo, me relajo, consigo expresar mejor mis ideas e involucrar más al público.

Seamos claros, el sentido del humor no tiene que ser cruel, ofensivo o a cuestas de nadie. Podemos encontrar una manera sana de bromear en distintas situaciones. Jugar, por ejemplo, es una excelente manera de obtener una sonrisa. Los adultos no dedicamos suficiente tiempo al juego. Hoy en día, por desgracia, hasta para los niños el juego «no estructurado» es cada vez más raro. Sin embargo, esta tendencia no es irreversible, en vez de pasar nuestras noches en las redes sociales o delante de la televisión, podemos jugar. Los estudios demuestran que «jugar activa el cerebro de los mamíferos con modalidades que modifican los vínculos neuronales de la corteza prefrontal a cargo de la regulación de emociones y los procesos de resolución de problemas».[10] Es evidente que hacerle espacio al juego en nuestro día tiene beneficios importantes. Esto también aplica para los adultos, aunque parezca increíble, porque nos ayuda a permanecer jóvenes, entrena al cerebro y nos ofrece la oportunidad de ser creativos y de aprender algo nuevo. Además, sirve para fortalecer nuestras relaciones, intensificar la sensación de armonía con amigos o colegas y hasta reparar heridas emocionales.[11] Creo que justo por eso me hago la chistosita cuando me siento agobiada.

No creo que sea necesario mencionar lo mucho que puede hacernos sonreír una buena comida; los alimentos nos permiten, literalmente, saborear la vida. Activan nuestros sentidos, pues estimulan las papilas gustativas, nuestro olfato y nuestra vista (al ver el aspecto de los platillos), pero sobre todo es un espacio para disfrutar una conversación con las personas que están en la mesa. La hora de la comida nos ofrece la oportunidad para mejorar nuestra salud física y mental.

Por eso debemos tener tanto cuidado con nuestra alimentación, después de todo, *somos lo que comemos.* Los estudios demuestran que la salud del aparato digestivo está directamente relacionada con nuestro estado mental y que existe un vínculo entre el cerebro, el intestino y la microbiota intestinal, llamado «eje cerebro-intestino».[12] Al parecer, a las personas que sufren de ansiedad y depresión podría ayudarles más introducir probióticos a su dieta que alimentos con una fuerte carga nutricional.[13] Lo que quiero decir es que prestar atención a lo que uno come tiene sus beneficios y compartir nuestros alimentos con otras personas nos hace sentir más felices y realizados; además, mejora los lazos sociales, lo cual a su vez genera confianza y un mayor sentido de pertenencia con nuestra comunidad.[14] También reír y divertirse juntos refuerza los vínculos interpersonales y nos proporciona una buena inyección de alegría.

Todos estos pequeños gestos, que parecen ordinarios e irrelevantes, en realidad tienen el poder de darle sentido a nuestra vida y hacernos más felices. La forma en la que decidamos pasar nuestro tiempo cuenta muchísimo para el bienestar, o para ser más precisos, lo que cuenta es la *visión* que tenemos de nuestro tiempo.

La experta Cassie Holmes dice que existe una relación muy particular entre el tiempo y la felicidad. Según ella, para el bienestar óptimo son necesarias de dos a cinco horas libres al día; estos son los momentos en los cuales verdaderamente disfrutamos de la vida. Si tenemos menos de dos horas libres, empezamos a sentir que no nos alcanza el tiempo para hacer lo que queremos. Pero, ojo, cuando tenemos más de cinco horas libres sentimos que nos falta un objetivo.[15] El tiempo es nuestro recurso más valioso y nadie sabe cuánto nos queda, por eso, para evitar desperdiciarlo, es importante planear con mucho cuidado lo que queremos hacer. Los estudios demuestran que la gente sufre más la pérdida del tiempo que la del dinero.[16] El dinero que gastamos lo podemos recuperar, pero el tiempo perdido no vuelve jamás.

*Todos estos pequeños gestos,
que parecen ordinarios e irrelevantes,
en realidad tienen el poder de darle
sentido a nuestra vida y hacernos
más felices.*

Ahora que sabemos lo importante que es saborear el presente, comencemos a desarrollar un plan de vida que incluya en nuestra rutina las interacciones que de verdad importan. Podemos mejorar nuestro estado de ánimo al prestar cada vez más atención a los extraordinarios efectos que tienen los encuentros y las actividades «ordinarias», así como a la naturaleza que nos espera al otro lado de la puerta. Con frecuencia, basta con notar lo cotidiano para ver lo milagroso que es en realidad. La vida está llena de oportunidades. Cultiva tu curiosidad, descubre algo nuevo y comparte lo que aprendiste.

SUGERENCIAS PRÁCTICAS

1. Deja de comer frente a la computadora o la televisión. Prepara una cena especial al menos una vez a la semana. Recuerda: eres tú quien decide qué significa «especial». Crea un ambiente que tenga algún significado para ti y compártelo con otros.
2. Presta atención a lo que siente tu cuerpo cuando escuchas diferentes tipos de música. Crea una *playlist* con canciones que te hagan sentir bien, escúchala una vez por semana y observa los resultados.
3. Si sientes que te falta tiempo, examina con cuidado las actividades de tu día. En el sitio web de Cassie Holmes, puedes encontrar un ejercicio muy útil para revaluar el tiempo y una tabla muy práctica para mantener el registro de este.[17]

PARTE IV

RELACIONES

PROFUNDIZAR NUESTROS VÍNCULOS, SOBRE TODO CON QUIEN HA VIVIDO UNA EXPERIENCIA DOLOROSA

8

Amor, afecto y relaciones

Para practicar el arte de amar debemos, ante todo, elegir el amor y admitir que queremos conocerlo y manifestarlo.

BELL HOOKS, *Todo sobre el amor*

¿Cómo es que existen tan pocos estudios que hablan del amor y, en cambio, se han escrito volúmenes y volúmenes sobre la guerra? Tal vez porque es más difícil medir el impacto que tiene el amor, o tal vez porque la cultura pop lo redujo a un concepto idílico donde solo existe una persona capaz de llenar el *espacio del amor* en nuestra vida. Sin embargo, hay pocas emociones que tienen tanta importancia para el bienestar individual y colectivo. Desde este punto de vista, resulta obvio que «la salud de nuestra vida depende de nuestros lazos afectivos».[1]

A mí, el amor me salvó la vida. El amor que siento hacia los demás, especialmente hacia mis hijos, y el amor que los demás sienten por mí cambiaron el curso de mi existencia: del luto pasé a la felicidad. Cuando mis niños perdieron a su padre, me di cuenta de que, para ayudarlos, tenía que volver a ser una persona «completa». No sabía cómo lograrlo, pero como los amo, tomé una decisión radical y elegí la felicidad. Deseaba desesperadamente reparar lo irreparable. Una de las cosas más difíciles que pasé como madre fue experimentar el instinto de proteger a mis hijos de las realidades más crueles de la vida. Siempre he sido como una leona con sus crías. Sin embargo, no podía cambiar la realidad de lo que nos había pasado, lo único que podía hacer era esforzarme para aliviar los efectos. Para volverme útil, debía encontrar la manera de ayudar a mis hijos a elaborar el luto y sus consecuencias. Esta fue la parte más difícil para mí. No existe nada tan duro como hallarse ante el sufrimiento de alguien a quien amamos, aunque al mismo tiempo el dolor puede unirnos.

Cuando vivimos juntos las experiencias negativas, estas fortalecen nuestros lazos tanto como las positivas. Ese es el poder del amor. Fue horrible ver a mis hijos sufrir y saber que no podía hacer nada además de estar ahí y consolarlos. Poco a poco, sin embargo, comprendí que, si reorientaba mi vida, ellos me seguirían, como de hecho sucedió. «El amor nos une y expande el potencial de cada individuo».[2] Claro, al principio tenía miedo y me sentía como un globo llevado por el viento. De un momento a otro, cortaron el hilo que me unía a mi identidad y me daba seguridad; me encontraba en un mundo desconocido donde todo me parecía extraño, era como caminar sobre un lago helado: a veces el hielo parecía sólido, otras veces se veía como una capa delgadísima, lista para ceder de un momento a otro. Un paso en falso y el agua oscura y gélida del lago me devoraría. Vencí mis miedos gracias al amor. Hoy me basta pensar en el que me une a mis hijos y en la forma en la que este sentimiento puede cambiar nuestra vida y las de los demás para sentirme como en casa donde sea que esté.

La ciencia confirma la armonía que produce el amor. Cuando establecemos una conexión con alguien, nuestros cerebros tienden a sincronizarse. Una de las líderes en psicología positiva, la doctora Barbara Fredrickson, la llama «resonancia positiva»: este fenómeno nos infunde una sensación de intimidad y hace que nos sintamos bien con la otra persona.[3]

En su charla TED,[4] la doctora Fredrickson explica que nuestra manera de pensar el amor es limitada; además, nos anima a que extendamos la definición más allá de las relaciones sentimentales para concentrarnos en esos *micromomentos* de resonancia positiva que suceden cada día y crean lazos pasajeros con otras personas. Tal vez estás hablando con un amigo y percibes un profundo entendimiento. Lo que sientes se trata de una verdadera sincronía bioquímica en la que sus latidos y su actividad neuronal se sintonizan y entran en resonancia positiva. El amor consiste en esto. No solo nos ayuda a sentirnos bien y mejora nuestras interacciones sociales; además, favorece la salud física. En palabras de Fredrickson: «Las relaciones afectivas son un imperativo biológico», son vitales para el individuo y para el grupo.

Como a muchos, me salía más natural amar y cuidar a otras personas antes que a mí misma. Hoy gran parte de mi vida gira en torno a la World Happiness Summit y a actividades que ayudan a mi prójimo a encontrar felicidad, propósito, salud y realización personal. Servir al prójimo fue una de las cosas que me permitió experimentar el crecimiento postraumático y desarrollar vínculos más profundos, sobre todo con aquellas personas que vivieron experiencias dolorosas. Mi esperanza es que las personas que ya son felices lo sean aún más, pero mi principal motivación es ayudar a aquellos que han pasado por experiencias difíciles. Todos tenemos nuestras cicatrices; sin embargo, algunos arrastran heridas más profundas.

Pero, como nos enseña el antiguo arte japonés del *kintsugi,* lo maravilloso de todo esto es que justo esas líneas de fractura pueden convertirse en fortalezas. En el *kintsugi,* las grietas de un vaso se reparan con oro fundido, de manera similar, el amor no solo nos permite reunir nuestras piezas, nos transforma en obras de arte, y puede ayudarnos a sanar y a ser más felices. A través del dolor, la comunicación y el amor, yo me convertí en emprendedora social y en activista del bienestar, y no sé cómo explicarles lo mucho que me hace feliz escuchar los testimonios de personas cuyas vidas cambiaron gracias a WOHASU.

Una de las preguntas recurrentes a lo largo de estos años es: «¿Cómo conseguiste pasar del luto a la felicidad?». Lo pensé mucho, sobre todo mientras escribía este libro, y mi respuesta es la siguiente: lo conseguí porque mi esposo me amaba muchísimo y, como el amor trasciende el tiempo y el espacio, el de Ricardo siguió sosteniéndome aun cuando él ya no estaba. Él me amaba tal y como era, con todo y defectos, por eso su amor fue tan potente y duradero. Mi esposo no era ciego, conocía mis imperfecciones y las amaba porque era lo que me hacía ser quien era. Los seres humanos tienen una enorme necesidad de sentir que pertenecen. Puede que yo y Ricardo no hayamos tenido el matrimonio perfecto, pero sentíamos que pertenecíamos a él. La nuestra fue una relación romántica, pero el vínculo que compartíamos era más que una simple conexión sentimental, también había amistad, una forma de amor más sólida y significativa. Y hoy siento el apoyo de mi esposo como cuando estaba vivo.

Lo que quiero decir es que el amor es una excelente manera de potenciar cualquier tipo de relación, y esto es de gran importancia, ya que nuestra red social es uno de los factores decisivos para la felicidad. El profesor Robert Waldinger, quien dedicó décadas a uno de los estudios más extensos sobre la felicidad, dice que «Si quieres tomar una decisión que te convierta en una persona más sana y feliz, presta atención a tus relaciones con los demás».[5] En la vida no hay nada más importante que las personas, ya sea en un círculo privado o profesional.

El amor es una excelente manera de potenciar cualquier tipo de relación, y esto es de gran importancia, ya que nuestra red social es uno de los factores decisivos para la felicidad.

Aunque pueda parecerlo, el amor no sucede por arte de magia. Se necesita esfuerzo para desarrollarlo y cultivarlo. Al igual que la felicidad, depende de nosotros y requiere dedicación y comprensión para que sea duradero. Esto es especialmente cierto para los matrimonios o para aquellas relaciones que duran mucho tiempo. Con el pasar de los años, dejamos de ver al otro como lo que es: un regalo. Posiblemente nos concentremos en lo que le falta y no en todas las cosas increíbles que le aporta a nuestra vida. Si hoy tengo un remordimiento, es el de no haberle dicho a Ricardo lo mucho que apreciaba todo lo que hacía por nuestra familia y en especial por mí. Por lo tanto, una manera de mejorar nuestras relaciones consiste en expresar gratitud por los pequeños gestos cotidianos sin perder nunca de vista que son las cosas pequeñas las que determinan los grandes cambios. Podemos destacar lo que la gente hace «bien». Por ejemplo, si tu pareja regresa del supermercado y trajo nueve de las diez cosas que había en la lista, no te concentres en lo que falta, ¿acaso esto no es justamente lo que acostumbramos hacer? Percibimos las cosas desde la falta y no desde la abundancia. Si quieres, puedes mencionar el artículo que olvidó, pero no te estanques en lo negativo, deja que las cosas fluyan.

Por lo tanto, una manera de mejorar nuestras relaciones consiste en expresar gratitud por los pequeños gestos cotidianos sin perder nunca de vista que son las cosas pequeñas las que determinan los grandes cambios.

¿Y por qué no crear más espacios para compartir las actividades que ambos aman? Las relaciones duraderas están llenas de tareas prácticas: problemas financieros, la educación de los hijos, la lavadora que no funciona, lo que hay para cenar... ¿Y si se toman un descanso de todo eso y hacen juntos algo divertido para reencontrar la sintonía a través de emociones positivas? ¿O es que ya olvidaron lo que les gustaba hacer?

Organicen un espacio en el calendario y tómense un tiempo lejos de los hijos, el trabajo, la televisión y el celular, y busquen una actividad que ambos puedan disfrutar. Después colóquenla entre sus prioridades y repítanla con frecuencia.

Para que el amor dure, tenemos que expresarlo. ¿Cómo? La bondad, el perdón y la gratitud son algunas de las formas más eficaces. Obviamente estas cualidades son más útiles si nos esforzamos en ejercitarlas (de esto hablaremos más a fondo en los próximos capítulos). Si invertimos nuestro tiempo y energía desarrollando estas formas de ser, fortaleceremos nuestra resiliencia: la capacidad que nos permite levantarnos del suelo cuando la vida nos tira y crecer a partir de la experiencia. Los estudios demuestran que las personas felices son más resilientes,[6] y una manera de volvernos más felices consiste en experimentar con más frecuencia la resonancia positiva, el amor, según nuestra nueva definición, y concentrarse en comportamientos altruistas, ayudando a los demás y practicando el perdón y la gratitud. La amabilidad hacia el prójimo y hacia nosotros mismos fortalece la resiliencia. Es amor en acción.

El amor tiene miles de expresiones, ¿alguna vez has sentido una profunda admiración por un paisaje espléndido? ¿Alguna vez te has quedado sin palabras frente a una obra de arte o al escuchar una plegaria? Estas también son expresiones de amor. Existen otras formas de amor más allá de la familia, la pareja y la comunidad. Existe el amor espiritual y hacia uno mismo, o la inspiración divina que uno siente ante Dios o la naturaleza. La búsqueda de un propósito superior puede dotar a nuestra vida de un significado más profundo y tener efectos positivos sobre la familia y la comunidad.

Dejé hasta el final el amor que uno siente hacia sí mismo porque fue el último que aprendí, pero descubrí que es el más importante y que, si uno tuviera que organizarlos en orden cronológico, tendría que ir al principio porque el verdadero amor, así como la felicidad, nace dentro de nosotros. Tal vez por eso en el pasado no era tan feliz como yo hubiera querido. Solo hasta ahora he podido experimentar la felicidad en el sentido más pleno de la palabra, porque por fin tomé consciencia de la importancia y del significado que tiene el amor hacia uno mismo, este engloba la aceptación, la compasión, la estima y el cuidado personal. En mi vida, la posibilidad de manifestar amor hacia mi prójimo fue desde siempre una fuente de enorme riqueza, pero solo hoy puedo, por fin, añadirme al resto.

No fue fácil. Como madre y esposa, estaba acostumbrada a darles prioridad a los demás, para ser honesta, muchas veces no me daba cuenta de que pasaba por alto mis necesidades; a veces nuestro cuerpo entiende esto antes que nosotros. Cuando estoy estresada duermo mal, pierdo el apetito y bajo mucho de peso. Mi cuerpo manifiesta mi malestar antes de que el corazón o el cerebro puedan hacerlo. El vínculo entre la mente y el corazón nos dice que *siempre que lo escuchemos*, el cuerpo es una excelente fuente de información. Por lo tanto, también en este caso, prestar atención y tomar consciencia de lo que sentimos es el primer paso.

Solo hasta ahora he podido experimentar la felicidad en el sentido más pleno de la palabra, porque por fin tomé consciencia de la importancia y del significado que tiene el amor hacia uno mismo.

Como lo mencioné antes, para muchos, la persona más difícil de amar es uno mismo. Tal vez sea porque nos avergonzamos o porque no nos hemos perdonado algún error del pasado. Los juicios y el comportamiento de los demás también pueden influir sobre nuestro sentido de valor personal. Tal vez las relaciones falsas dejaron abiertas heridas que dañan nuestra identidad y autoestima. Es importante encontrar un remedio porque el amor propio es fundamental para la felicidad y el bienestar duraderos. Tenemos que desarrollar la compasión, la comprensión y el perdón por lo que hicimos, lo que no hicimos o lo que hicimos mal. En el próximo capítulo veremos cómo el perdón puede mejorar enormemente nuestra vida.

Para muchos, la persona más difícil de amar es uno mismo. Tal vez sea porque nos avergonzamos o porque no nos hemos perdonado algún error del pasado.

Una vez que hemos aprendido a aceptarnos y a amarnos, adquirimos la capacidad de ver las alternativas que se encuentran frente a nosotros, y encontramos la fuerza y el coraje necesarios para determinar los cambios y decisiones que debemos tomar si queremos alcanzar nuestras metas. Cuando aprendes a amarte, también aprendes a apreciarte, a cuidarte y a respetarte sin esperar que los demás te hagan sentir realizado. Solo nosotros podemos complementarnos y el respeto hacia uno mismo es la base para construir la vida. La sana autoestima que proviene del amor a uno mismo es buena para nuestros vínculos, mejora el rendimiento escolar y profesional, contribuye a la salud mental y física, y reduce el comportamiento antisocial.[7]

Por favor, date cuenta de que el amor propio no es narcisismo; al contrario, por su naturaleza engloba el amor al prójimo. Y este es otro círculo virtuoso: el altruismo nos hace más felices y la felicidad nos hace más altruistas. Las interacciones sociales positivas mejoran nuestra salud física y emocional al liberar oxitocina, la hormona que baja la presión, el ritmo cardiaco y reduce el estrés. Al aprender a amarme a mí misma, me di cuenta de lo importante que es cuidarse y exigir que los demás respeten nuestro espacio.

Cuidarse es esencial y podemos hacerlo de diversas formas; por ejemplo, aprendiendo a verbalizar lo que necesitamos, tomándonos el tiempo para reposar, atribuyéndole importancia a nuestro bienestar, entrando en sintonía con nuestras emociones, tomando vacaciones, llamándole a un amigo, escribiendo un diario, haciendo ejercicio, pidiendo ayuda y dejando de priorizar lo que los demás piden por encima de nosotros mismos. Claro, es importante y natural querer ayudar a amigos, parientes y compañeros, pero debemos tener cuidado de no olvidar nuestras necesidades, de lo contrario, podemos deprimirnos, enojarnos con los demás o tener un colapso. Los estudios demuestran que la tendencia de siempre querer complacer a los demás radica en una falta de identidad.[8] Es posible que para sanar de esta inclinación sea necesario ir a terapia porque su origen puede ser algún trauma de la infancia. Una cosa es cierta: solo a través de la aceptación y el amor propio podemos amar realmente a los demás y experimentar su amor por nosotros.

Amar al prójimo no significa que hay que hacer todo lo que dice. De hecho, una forma de expresar amor, ya sea hacia nosotros mismos y hacia los demás, consiste en poner límites. A veces debemos trazarlos en las relaciones afectivas para cuidar nuestra salud y seguridad; otras, para proteger al otro, sobre todo a los niños. Cuando mis hijos eran pequeños, y con más razón cuando tuve que criarlos sola, establecí límites muy claros de lo que podían y no podían hacer. Sé que es difícil, pero tal vez descubras que la máxima demostración de afecto hacia tus hijos es un «No». Como padres, es nuestro deber garantizar que los niños no corran riesgos. Ellos, por naturaleza, ponen a prueba las reglas, lo cual no tiene nada de malo, siempre y cuando uno aprenda a decir que no sin sentir rabia o culpa. Considerando nuestra tendencia a atribuir a las palabras una narrativa que va más allá de su significado en ciertos casos, hay que aclarar que «No» de ningún modo quiere decir que alguien no nos ama o que nos ama menos, su significado es mucho más práctico y está relacionado con las circunstancias: «No es el momento» o «No, no me siento lista». O simplemente: «No», y punto.

El amor hacia uno mismo no es narcisismo; al contrario, por su naturaleza engloba el amor al prójimo. El altruismo nos hace más felices y la felicidad nos hace más altruistas.

Todos sabemos que amar nos hace vulnerables y que las relaciones terminan. Tal vez suceda porque la persona amada desaparece o porque la relación no funciona. Yo seguí el consejo de la psicóloga Brené Brown y acepté el riesgo de volver a sufrir al enamorarme otra vez. Por desgracia, las cosas no resultaron y, una vez más, se me rompió el corazón. No es fácil recuperarse de una separación amorosa porque, como ya vimos, nuestro cerebro tiende a darle vueltas y vueltas a los pensamientos como un hámster sobre su ruedita. Posiblemente nos preguntemos: «¿Por qué él o ella se comportó de tal o cual forma?», «¿Por qué no cambió?», «¿Qué pude haber hecho yo?», «Si de verdad me amaba, no hubiera hecho esto o aquello...». Tal vez no podemos dejar de pensar en esa persona que no nos amó como nosotros hubiéramos querido o que nos dejó. En situaciones como esta, la palabra clave es «por ahora»: «No puedo dejar de pensar en esto... *por ahora*». Es una pequeña estrategia para reorientarse que nos ayuda a ver las cosas en su justa medida, porque le dice a nuestra mente que *algún día* sucederá y desactiva los mecanismos que detonan el pensamiento obsesivo.

Tal vez de momento no tienes una relación sentimental y sufres porque te sientes solo. Recuerda que, si aprendes a amarte, te abrirás a otras relaciones afectivas importantes. Por último, dos observaciones importantes: en primer lugar, el amor puede volver a tu vida cuando menos te lo esperas; en segundo lugar, se ama aun cuando no se tiene pareja.

Si tomas tu distancia y te alejas del dolor, de las trampas de tu mente y del ruido negativo de tu cerebro, crearás el espacio necesario para que las cosas buenas puedan crecer, incluyendo el amor. Trabajar sobre la propia autoestima también sirve para reforzar nuestras relaciones, ya que nos permite comprender quiénes somos en realidad y nos proporciona un mayor sentido de pertenencia.

Está en nuestras manos decidir cómo vamos a manifestar el amor que sentimos, y darnos cuenta de eso se siente muy bien, sobre todo cuando estamos viviendo con las secuelas de eventos que se escapan de nuestro control.

SUGERENCIAS PRÁCTICAS

1. A partir de esta nueva visión del amor, identifica a las personas que amas fuera de tu círculo familiar. ¿Cómo te sientes cuando estás con ellas? ¿Qué aspectos de tu identidad salen a relucir en su presencia?
2. Si quieres enriquecer tu círculo social, inscríbete a un club donde practiquen actividades que te gusten o a un curso donde se trate algún tema sobre el que te gustaría aprender. Haz voluntariado, ve a lugares que no acostumbras visitar y conoce gente nueva.
3. Cultiva tus relaciones en el trabajo. Dedícale tiempo a la gente y practica la escucha activa, es decir, que de verdad prestes atención a lo que la otra persona te está diciendo en lugar de esperar a que termine de hablar para decir algo. Evita los chismes. Respeta tu espacio personal y el de los demás. Cumple tus compromisos y agradece.

9

¡El perdón es un superpoder!

Los débiles no saben perdonar.
El perdón es un privilegio de los fuertes.

Mahatma Gandhi

Quién sabe por qué, pero a veces las cosas más bellas son también las más difíciles. Tal vez se deba a que el crecimiento ocurre a través del esfuerzo y las dificultades, como cuando entrenamos para correr y nuestros músculos se fortalecen con cada paso. Sanar el enojo y el resentimiento puede ser toda una proeza, sobre todo si nos acaba de pasar algo injusto. Cuando alguien traiciona nuestra confianza, nos sentimos vulnerables y expuestos. Sin embargo, muy pocas cosas en el mundo generan una sensación de alivio y libertad, y abren espacio tanto a lo positivo como al perdón. El perdón nos hace más fuertes física y emocionalmente. Los factores que contribuyen a crear las circunstancias favorables para la felicidad son muchos, pero es posible que el perdón sea el mejor. ¿En qué consiste?

Perdonar no quiere decir olvidar o justificar el daño que nos hicieron, sino renunciar a la rabia y al resentimiento que causó.[1] Según el doctor Fred Luskin, experto en el tema, director del Forgiveness Projects de la Universidad Stanford, cuando perdonamos, «evadimos la prisión que nos construimos nosotros mismos [...] El rencor subvierte el equilibro de la mente y el cuerpo. Además, les otorga a quienes nos hirieron un enorme poder sobre nosotros. Tal vez parezca contradictorio, pero al perdonar recuperamos ese poder».[2]

El perdón consiste en retirar nuestra atención de la ofensa que sufrimos y en colocarla sobre nosotros mismos. Es muy importante establecer que perdonamos *por nosotros*. No estamos justificando lo que hizo la otra persona o pasándolo por alto. El perdón es uno de esos momentos en la vida en los que tú eres el protagonista. Muchas veces tuve que perdonar a la persona que me había herido. Reflexiona sobre lo siguiente: tal vez quien te lastimó no pretendía hacerlo, o jamás pensó que sus acciones podían dañarte. Tal vez lo hizo sin querer o por distracción, o tal vez esa persona ya no está y, si no la perdonas, continuará ocupando un espacio valioso en tu cabeza. Darle vueltas al asunto ofusca tu lucidez y perjudica tu bienestar. Peor aún, puede que esa persona condicione la felicidad de las personas que quieres porque lo que sea que te hizo sigue teniendo un impacto sobre ti. No conozco un mejor motivo para practicar el perdón. Recuerda: «El perdón no puede cambiar el pasado, pero puede transformar el presente».[3]

En algunas ocasiones me negué a perdonar porque la ofensa me parecía demasiado grave. Pensaba que perdonarla equivalía a disminuirla, hasta que descubrí que lo único que disminuye es el dolor: después de perdonar, sufría menos, y los beneficios no terminan aquí. El perdón ayuda manejar el estrés,[4] contribuye a la salud mental, alarga la vida e interrumpe el círculo vicioso de pensamientos repetitivos.[5] En pocas palabras, rompe la cadena que nos mantenía atados a la persona que nos lastimó o que nos desilusionó. Como tantos otros factores que favorecen la felicidad, el perdón requiere esfuerzo y dedicación, pero vale la pena porque a cambio recibimos una recompensa considerable; además, no serás el único que experimente los efectos, tus colegas y tus familiares también saldrán beneficiados. Es una forma de sanar que le permite al tiempo suavizar la memoria y por eso es un superpoder.

Cuando nos liberamos de la amargura y del resentimiento, obtenemos una magnífica sensación de paz y de autonomía. Las ofensas más profundas nos hacen sentir como víctimas impotentes. Tal vez en el transcurso de tu vida hayas sido víctima de algo inaceptable —cuando eras niño, adulto, o en ambos casos— y a lo mejor se trataba de eventos imposibles de aceptar o racionalizar. En casos como ese resulta útil concentrarse en el dolor, porque puede empujarte a tomar acción y establecer límites que protejan tu bienestar físico o emocional. Por ejemplo, la decisión de alejarte de una relación tóxica, ya sea sentimental o laboral. Estar conscientes de nuestro sufrimiento es esencial para tomar las medidas necesarias y sentirnos completos otra vez. La rabia puede ser un estímulo útil para dejar atrás una situación abusiva, puesto que solo cuando estemos en un lugar seguro podremos empezar a perdonar.

El perdón requiere esfuerzo y dedicación, pero vale la pena porque a cambio recibimos una recompensa considerable.

Así que sí, a veces el dolor es útil, pero llega un momento en el que la decisión más sana es la de liberarnos del pasado. Todos tendemos a quedarnos fosilizados en las cosas malas que nos pasaron, pero si dejamos de considerarnos víctimas, podremos sanar y superar lo que nos sucedió para dedicarnos a algo mejor: la belleza, el descubrimiento, la creatividad, la gratitud, la compasión, las relaciones gratificantes, la bondad, el amor; en pocas palabras: la felicidad. Sabemos que no podemos cambiar lo que fue, pero con algo de práctica es posible modificar nuestra reacción a determinados eventos. El perdón sirve para liberarnos del pasado, vivir un presente más pleno y planificar un futuro que nos permita reescribir nuestra historia.

Todos tendemos a quedarnos fosilizados en las cosas malas que nos pasaron, pero si dejamos de considerarnos víctimas, podremos sanar y superar lo que nos sucedió.

Para perdonar no tenemos que reconciliarnos con la persona que nos lastimó, justificar lo que hizo ni volver a verla. Ni siquiera tenemos que decirle nada: podemos perdonarla en nuestro corazón o escribirle una carta que jamás le enviaremos. De este modo, soltamos el dolor. Yo tengo una larga lista de personas que decidí perdonar y solo una de ellas me pidió que lo hiciera. Es verdad que, si la persona se disculpa, resulta más fácil resolver las diferencias, pero si esto no sucede, los resultados y los beneficios del perdón siguen siendo los mismos.

Las ofensas que sufrimos pueden ser grandes o pequeñas. Yo perdoné a una persona que consideraba mi aliada más grande y que me traicionó. Elegí perdonar a los médicos que se equivocaron y le dieron un diagnóstico incorrecto a mi esposo, lo cual provocó su muerte. Decidí perdonar a mis suegros por no venir al funeral de Ricardo. Aun ahora, mientras lo escribo, me duele y, aunque es verdad que nunca comprenderé ese gesto, también es cierto (gracias a Dios) que no sé lo que es perder a un hijo. De varias maneras, elegí sentir compasión por estas personas, y esto me hizo más feliz, porque ahora ya no siento rencor hacia ellas. Me tomó varios años llegar a este punto, pero es increíble lo bien que se siente perdonar: es como si alguien retirara ese velo negro que oscurecía nuestra vida y nos permitiera recuperar la autonomía y la plenitud.

El perdón es libertad. Yo obtuve una maravillosa inyección de energía, una gran sensación de independencia y la capacidad de aceptar nuevas oportunidades; las cuales tal vez tenía frente a mí, pero que no alcanzaba a ver porque la injusticia y el ultraje que sentía nublaban mi vista. Le daba vueltas al asunto y culpaba a esas personas y a su comportamiento, y aunque era cierto que actuaron mal, solo revivía la rabia, la desilusión y el resentimiento al recordar estas cosas. Al final, lo único que lograba era sentirme peor, hasta que decidí perdonar. Tuve que intentarlo varias veces antes de que pudiera dejar atrás lo sucedido, pero cuando por fin lo conseguí, pensé: «¡Guau! ¡Puedo usar sobre mí misma toda la energía que antes invertía en esas personas!». Aproveché esa nueva sensación de optimismo, vitalidad y fuerza, y la utilicé para promover un movimiento global sobre la felicidad en nuevas partes del mundo. Las personas que me hirieron ya no vivían en mi cabeza.

El perdón es libertad. Yo obtuve una maravillosa inyección de energía, una gran sensación de independencia y la capacidad de aceptar nuevas oportunidades.

Uno de los principales motivos por los cuales me apasionaba tanto promover la ciencia de la felicidad eran los muchos beneficios que nosotros y los demás podemos obtener al practicar las actitudes que la sustentan, entre ellas, el perdón. Tal vez parezca magia, pero no lo es. Es ciencia. En parte son comportamientos intuitivos, pero los estudios demuestran que tienen bases concretas que los hacen tan eficaces.

¿Y qué hacemos cuando la persona a quien debemos perdonar somos nosotros mismos, cuando somos víctima y agresor al mismo tiempo? En esos casos, podemos tratar de mostrar compasión hacia nosotros mismos. Claro, se trata de un desafío, y lo digo por experiencia. No es fácil aceptar que hicimos lo que pudimos con la información que teníamos en ese entonces. Yo tuve que perdonarme a mí misma por una larga relación con la persona equivocada. Por un tiempo, me sentí avergonzada de mí misma y me pregunté cómo pude permitir que durara tanto tiempo. Sin embargo, al final decidí concederme la misma empatía que le mostré a los demás, perdonarme y seguir adelante.

¿Y qué hacemos cuando la persona a quien debemos perdonar somos nosotros mismos, cuando somos víctima y agresor al mismo tiempo? En esos casos, podemos tratar de mostrar compasión hacia nosotros mismos.

A veces lastimamos a las personas y nos sentimos culpables. También —para casos como este— la compasión y la empatía son cruciales. Podemos desarrollar estas habilidades pidiendo perdón. Es una forma de asumir la responsabilidad por nuestras acciones y sus consecuencias. Es la otra cara del perdón. Al reflexionar sobre el impacto de nuestras acciones y disculparnos, no solo lograremos que nos perdonen, sino que nosotros mismos nos volveremos más capaces de perdonar a otros.

En otras palabras, disculparse facilita el proceso. Aunque para esto, como para tantas otras cosas, existen formas correctas e incorrectas. Por ejemplo, si nuestra disculpa consiste en culpar a la otra persona, solo estamos añadiendo burla a la ofensa. Para que nuestra disculpa sea aceptable, esta tiene que contar con cuatro elementos: debemos admitir que nos equivocamos, ofrecer una explicación, expresar nuestro remordimiento y proponer alguna manera de reparar el daño.[6] Pongo como ejemplo el caso de una conocida que sin querer ofendió a una amiga suya. Ella había organizado una cena, pero decidió no invitar a la amiga, quien en cambio quería asistir y se sintió muy mal por haber sido excluida. Mi conocida se preguntó: «¿Por qué me comporté así?», y se dio cuenta de que el motivo era mezquino, añadir un lugar más en la mesa habría significado más trabajo para ella; además, no había mucho espacio en la mesa y los invitados habrían estado incómodos. Entonces, se dio cuenta de que consideró el confort antes que los sentimientos de su amiga. Decidió llamarla y expresar su remordimiento. Le explicó que al día siguiente se había sentido muy culpable y triste, y le ofreció una invitación a una fiesta. La amiga aceptó su disculpa y su invitación, y su relación salió beneficiada. Pedir disculpas es una excelente manera de demostrarle a una persona lo mucho que nos importa.

¿Cuándo sabemos que es el momento indicado para perdonar? Esto es completamente subjetivo y depende de ti. Busca en lo más profundo de tu corazón y hallarás la respuesta. Si todavía no te sientes listo para perdonar, estás en todo tu derecho de no hacerlo, pero considera que la amargura seguirá acumulándose, robando nuestro bienestar y agravando ofensas que tal vez sean ya muy viejas. También considera que eso puede tener un impacto negativo sobre tus relaciones actuales, además de exacerbar los sentimientos de depresión y ansiedad. No perdonar restringe nuestro margen de decisión; en cambio, perdonar multiplica las oportunidades. Al aferrarnos a una ofensa del pasado, desperdiciamos energía valiosa pensando en ello y tal vez hasta empeoramos la situación. Es un poco como hallarse en un avión que está listo para aterrizar cuando de la cabina del piloto llega un mensaje que dice que hay que esperar porque la pista no está libre. El avión se pone a dar vueltas sobre el aeropuerto; se terminaron las nueces y el personal a bordo no parece tener noticias; al final, tus pensamientos también empiezan a girar alrededor del vacío. ¿Será culpa de una falla mecánica o pasó algo grave? Faltaba ya muy poco para que tu viaje terminara y tú estás impaciente por ver a los amigos y parientes que te esperan. Impaciente por recuperar tu vida, pero te toca esperar.

El perdón interrumpe la espera y nos permite llegar a nuestro destino y regresar a casa. Si no sabes por dónde empezar, no hay problema, puedes ejercitarte en ello. Inténtalo hasta que lo logres. El hecho de que quieras perdonar significa que ya recorriste la mitad del camino. Te sorprenderás de los beneficios que obtendrás tanto para ti como para los demás cuando aprendas a soltar.

SUGERENCIAS PRÁCTICAS

Cuando te sientas listo, perdona. A continuación, te digo cómo hacerlo según las indicaciones del doctor Fred Luskin.[7]

1. «Identifica las emociones que sentiste a raíz del evento y encuentra las palabras para explicar por qué lo viviste como una injusticia. Después habla de lo sucedido con personas de confianza». Quizá este es el paso más doloroso, porque admitir lo que te pasó significa revivir el sufrimiento.
2. Comprométete con tu recuperación. ¿De qué manera? Por ejemplo, puedes poner un límite de tiempo para pensar en lo sucedido.
3. No tienes la obligación de reconciliarte con la persona que te lastimó. «El perdón sirve para encontrar la serenidad y la comprensión que provienen de culpar menos a quien nos ofendió y de tomar las ofensas de manera menos personal». Acepta el hecho de que a veces alguien nos hace daño por razones que no tienen nada que ver con nosotros.
4. «Cambia de perspectiva: reconoce que el sufrimiento proviene principalmente de tu sentido de injusticia, de tus pensamientos y del malestar que sientes, no de la ofensa en sí».
5. Acepta que las emociones son transitorias. «Cuando sientes que la inquietud va a abrumarte, recurre a prácticas de gestión del estrés para desactivar el modo lucha o huida». Da un paseo, medita, sal a correr, practica un poco de yoga, escribe en tu diario, etcétera.

6. «Deja de esperar que la vida o las personas te den algo que no te dan por iniciativa propia».
7. «Invierte tu energía en la búsqueda de un camino que te permita alcanzar tus objetivos positivos; dicho camino deberá alejarse de la experiencia que te lastimó». Concéntrate en lo que tienes y no en lo que te falta.
8. Concéntrate en ti mismo. «Recuerda que una vida bien vivida es la mejor venganza».
9. «Cambia tu visión del pasado y recuérdate a ti mismo lo heroica que fue tu decisión de perdonar». Gandhi tenía razón: el perdón es una gran demostración de fuerza.

10

Un legado de bondad

Las relaciones interpersonales constituyen el factor más importante para la supervivencia del Homo sapiens.

ELLEN BERSCHEID

Considerando la premisa científica de este epígrafe, podemos dar por hecho que ser bondadosos nos conviene.

No hay nada que pueda mejorar nuestra vida privada y laboral tanto como la bondad, podemos definirla como «amor en acción». No solo es una excelente forma de ser que puede fortalecer enormemente nuestras relaciones sociales, sino también es uno de los instrumentos más eficaces a nuestra disposición para mejorar la salud física, el bienestar y la felicidad. Siempre es posible elegir la bondad, tanto con nosotros mismos como con los demás. Es un arte que se puede cultivar; como la felicidad, tiende a ser contagiosa y sus beneficios se expanden y crecen. Además, produce otro círculo virtuoso: las personas bondadosas son más felices, y las personas felices son más bondadosas.[1] Es parte de nuestra naturaleza sentirnos bien cuando tratamos bien a los demás. Las personas son importantes, y concederles esa importancia es un componente clave de la bondad. Yo lo aprendí del profesor Isaac Prilleltensky, ilustre psicólogo y experto en el tema. Él define el concepto como un constructo multidimensional que consiste en la percepción del valor personal y en la atribución de valor a los demás. Considerarse importantes es un prerrequisito del bienestar interior y para ello hay que sentirse validados, comprendidos, queridos y arraigados. Atribuirle valor al prójimo equivale a reconocer su importancia; percibirnos a nosotros mismos como individuos importantes impacta nuestra realidad y hace que nuestras acciones sean más eficaces.[2] A veces esa percepción del valor personal incluye el amor, pero no necesariamente; podemos sentir que nuestros compañeros de trabajo nos aprecian, pero no que nos aman, en el sentido estricto de la palabra.

Es parte de nuestra naturaleza sentirnos bien cuando tratamos bien a los demás. Las personas son importantes.

Este es un sentimiento vital. Todos aspiramos a ser apreciados y aceptados, pero a veces nos concentramos solo en el valor que los demás nos dan. La parte de la ecuación que más me interesa y que le dio un giro de 180° a mi perspectiva es la siguiente: para gozar de un bienestar interior óptimo, debemos ser *nosotros mismos* quienes reconozcamos nuestro valor.

Tenemos la necesidad innata de contribuir algo a la comunidad y de que los demás perciban nuestro valor a través de nuestras acciones. Esta es una característica de la naturaleza humana que está muy arraigada, porque nos permite sentir que participamos, que tenemos autodeterminación y dominio sobre nosotros mismos. Una vez que satisfacemos esa necesidad, nos sentimos bien. Este es otro ejemplo de los mecanismos de retroalimentación positiva de nuestra biología. La atribución de valor puede incluso mejorar el desempeño laboral y reducir el riesgo de sufrir un colapso.[3] La bondad y la atribución de valor tienen impactos positivos tan importantes que, según la doctora Kelli Harding, especialista de la Universidad de Columbia, todos los manuales empresariales de los departamentos de recursos humanos se podrían resumir en dos palabras: *sean bondadosos.*

Para gozar de un bienestar interior óptimo, debemos ser nosotros mismos *quienes reconozcamos nuestro valor.*

En mi experiencia, la empatía, la amabilidad y la atribución de valor mejoran todas las interacciones. No siempre es fácil, pero funciona. Obtenemos una sensación de bienestar y logramos convertir la situación en algo positivo, abriendo un espacio para el afecto, la gratitud, el perdón y la felicidad. Por ejemplo, tratando bien a una persona que no nos cae del todo bien o siendo amable con la cajera tras una larga fila en el supermercado.

Vale la pena aclarar que la bondad no tiene nada que ver con aceptar comportamientos inaceptables o ser pasivo respecto a situaciones desagradables, ni con la tendencia de darle siempre la razón a los demás. «Ser bondadoso requiere de valor. Significa atravesar la dificultad con serenidad, no sufrirla o aceptarla pasivamente».[4]

Resulta curioso que la bondad se considere un atributo «blando» que describe nuestra manera de relacionarnos con los demás en el trabajo pero no una verdadera competencia laboral, cuando en realidad se trata de una herramienta muy potente y una forma de ser extraordinariamente eficaz con muchos aspectos positivos para quien la practica y para quienes reciben sus efectos. Las investigaciones sobre epigenética («el estudio sobre cómo determinados entornos y comportamientos pueden determinar cambios en la expresión genética»)[5] y sobre los telómeros (las partes de las células que condicionan el proceso de envejecimiento) están descubriendo que las acciones bondadosas pueden cambiar nuestra fisiología.[6] Por ejemplo, la secreción de hormonas del bienestar modifican nuestro cerebro y la liberación de endorfinas (el analgésico natural) puede producir cambios físicos.

Es importante subrayar que la bondad no solo mejora la calidad de nuestra vida, sino que también extiende su duración; además, relacionarnos de manera positiva con los demás fortalece nuestro sistema inmunitario.[7] ¿No es increíble? Debemos estar conscientes de esto porque significa que podemos potenciar nuestro sentido de la eficacia en nuestra calidad de vida. Es decir, podemos hacer algo para cambiar nuestras percepciones. No estamos obligados a limitar nuestro rol por culpa de las reacciones de los demás. Podemos ser proactivos y crear la realidad que queremos.

Las personas son importantes y mi esposo sabía cómo demostrarlo, para él cuidar de los demás era una segunda naturaleza. Era uno de los hombres más amables y bondadosos que jamás haya conocido. Después de su muerte, recibí decenas de cartas de personas que él había ayudado en miles de maneras, algunos eran desconocidos que había encontrado por casualidad; otros, pacientes a los que había atendido. Él sabía hacerse amigo de quien fuera; su interés por el prójimo era genuino: escuchaba a la gente y les hacía miles de preguntas sobre sus vidas. Era muy probable que, durante un viaje de trabajo, conociera a alguien en el avión, descubriera que tenía un familiar enfermo y, como era médico, le recetara diversos tratamientos; todo sin ponerse en plan de maestro. Ser bondadoso le salía natural. Cuidar a los demás era su vocación y su forma de ser feliz. Era un buen hombre y gracias a su ejemplo nuestros hijos también resultaron así.

Para mí, esa es su verdadera herencia: un legado de bondad, y ese fue uno de los principales motivos por los que decidí convertir esta inclinación humana en uno de los pilares que sostienen a WOHASU. Todas mis conferencias mencionan los beneficios de la bondad y nuestros eventos siempre cuentan con una sección dedicada a este ámbito. En mi trabajo me esfuerzo por colaborar con personas y organizaciones que operan bajo este principio.

En mi vida privada también experimenté los extraordinarios beneficios de la bondad, ya sea que la recibiera o que la ejerciera. Es un motor de felicidad y ha tenido un impacto significativo en mi vida cotidiana y en mis relaciones interpersonales. Mi hermana, por ejemplo, siempre ha sido una persona bondadosa, pero la generosidad y la compasión que me demostró tras la muerte de mi esposo fueron para mí un bote salvavidas. Durmió en mi cama durante cuatro meses para que no me sintiera sola. Su presencia me hizo sentir protegida, comprendida y amada, ella me ofreció un refugio seguro en medio de la tempestad de mis emociones. De igual forma, le agradezco a mi hermano que se haya ocupado de organizar el funeral. No fue una tarea fácil y es algo que nadie querría tener que hacer. Sin embargo, él se ofreció de inmediato y resolvió todo con cuidado y atención. Su apoyo me dio la fuerza que necesitaba. Asimismo, recibí una poderosa demostración de empatía por parte de una querida amiga que había perdido a su esposo un año atrás. Ella consiguió hacer a un lado su propio luto para dedicarse a mí y, después de la muerte de Ricardo, me visitaba todos los días para decirme que, al igual que ella, sobreviviría y encontraría mi propio camino.

Poder contar con personas que creen en nosotros y que lo demuestran en los momentos en que estamos en mayor dificultad, cuando nosotros mismos nos sentimos incapaces de salir de ella, puede realmente devolvernos a la realidad. Recibí el apoyo de socios, oradores y voluntarios que colaboraron conmigo en varios eventos de la World Happiness Summit. Ellos me ayudaron organizando viajes, encontrando patrocinadores, escogiendo las sedes, preparando las conferencias e intercambiando ideas. Por ejemplo: una vez Maria Loi, una chef muy talentosa y una mujer inmensamente generosa, cerró su restaurante en Manhattan, Nueva York, para hospedar a cincuenta expertos y partidarios de la felicidad y ayudarnos a difundir nuestro mensaje.

Otro memorable acto de bondad que recibí llegó a mí en la forma de un regalo de Navidad. Siempre he amado la época navideña, un periodo que me transmite una sensación de felicidad y melancolía. Para mí es muy importante escoger y decorar el árbol con mi familia, una actividad alegre y dulcemente nostálgica. Sin embargo, a finales de 2022 tuve que quedarme en Italia una buena parte de diciembre para preparar la edición de WOHASU 2023 que se celebraría en el lago de Como, y cuando unos cuantos días antes de Navidad por fin regresé, me di cuenta de que mis hijos se habían encargado de comprar el árbol y de que la señora que me ayuda con la casa y la limpieza la había decorado para que yo pudiera disfrutar de las emociones de las festividades tan pronto como pusiera un pie en casa. Recibí tanto apoyo a lo largo de los años que no podría enumerarlo todo aquí, pero cada gesto amable tuvo un impacto importante sobre mi éxito y sobre mi felicidad, y por eso estoy profundamente agradecida.

Claro, a veces ser bondadosos requiere un poco de esfuerzo. Tal vez pensemos: «¿Por qué tengo que ser amable con la cajera del supermercado?». Pues bien, la llave que abre las puertas de la bondad y nos permite manifestarla es la empatía. Esta consiste en ponerse en el lugar del otro y asumir su perspectiva. Tal vez la cajera tuvo un largo día y está cansada, ¿por qué no le sonreímos y le damos las gracias? Jamás podremos saber a ciencia cierta lo que le está pasando a otra persona, pero un gesto amable puede hacer la diferencia y mejorar su día. La empatía nos hace más comprensivos y es la base de un comportamiento sociable y espontáneo.[8] Podemos perfeccionarla si nos concentramos en los valores que compartimos con el prójimo y creamos significado a partir de las experiencias que nos hermanan. Todos somos propensos a concentrarnos en las diferencias: ¿por qué no mejor encontramos las semejanzas? «Las reacciones humanas sólidas y beneficiosas no suceden por casualidad, se construyen a partir de prácticas positivas».[9] En otras palabras, podemos aprender a crear un mundo afectivo.

Jamás podremos saber a ciencia cierta lo que le está pasando a otra persona, pero un gesto amable puede hacer la diferencia y mejorar su día.

Una muestra de amabilidad hacia nuestros parientes y amigos llena nuestro corazón y mejora el estado de ánimo gracias a la liberación de las hormonas del «amor» y a la reacción positiva que suscitamos en el otro.[10] Actuar y pensar a través de la bondad en situaciones o con personas que no amamos es una práctica trascendental: nos eleva por encima de la incomodidad y nos convierte en mejores versiones de nosotros mismos.

Al igual que con el perdón, existe algo liberador en la amabilidad, sobre todo cuando requiere esfuerzo. No es fácil ser bondadoso cuando estamos enojados. En estos casos es útil respirar hondo para reencontrar el equilibrio y desactivar el modo lucha o huida. A veces la mejor decisión es callar, sobre todo si las palabras que nos vienen a la mente son desagradables. Una vez que hayamos reencontrado un estado de ánimo más estable y logremos procesar nuestras emociones, podremos evaluar las alternativas a nuestra disposición. Tal vez nos pusimos a la defensiva por instinto, debido al cansancio, los nervios, o incluso algo tan simple como una reducción en el azúcar; un ejercicio de respiración nos devolverá la calma que necesitamos para elegir otro camino.

Recordar los beneficios de la bondad también puede ayudarnos a tomar acciones que nos alejen de los conflictos. Como ya vimos, adoptar comportamientos positivos en las situaciones delicadas es una importante oportunidad de crecimiento. Puede hacernos sentir mejor en el momento o incluso más adelante, como un regalo que nos llega de sorpresa y nos trae felicidad, alegría y satisfacción. Es una experiencia que he vivido muy seguido con mis hijos. Si durante una discusión difícil me contenía y no reaccionaba por impulso, y me tomaba el tiempo para reflexionar y elegía comportarme con delicadeza, no solo mejoraba la comunicación con ellos, sino que también me sentía orgullosa de mí misma (en lugar de sentirme mal por elegir la palabra equivocada en un instante de enojo). Siempre que reaccionamos desde la bondad nos sentimos mejor.

Al explorar los miles de maneras en las que podemos ser bondadosos con los demás, no debemos olvidar reservar ese mismo comportamiento para nosotros mismos, ya que es parte del cuidado personal y del amor propio que analizamos en el capítulo 8. Un ejercicio que a mí me sirvió muchísimo fue imaginarme como mi mejor amiga y aliada. Antes, cuando cometía un error, me repetía a mí misma: «Qué estúpida soy. Qué estúpida. Qué estúpida» (y así hasta el infinito). El resultado era que me sentía peor y que algo que tal vez no era tan importante adquiría, a mis ojos, una relevancia enorme. Hoy trato de decirme: «Okey, cometiste un error, ¿qué podemos aprender de esta experiencia?». Si noto que empiezo a tratarme como si fuera tonta, me pregunto: «¿Soy tonta o lo que pasa es que no tenía la información adecuada?». Quién sabe por qué, tal vez sea algo que tiene sus raíces en nuestra infancia, pero a veces sentimos la necesidad de castigarnos. En cambio, nadie siente la necesidad de lastimar a un amigo. Aprovecha esa inclinación a tu favor y trata de interiorizar una tendencia espontánea para aplicarla contigo mismo.

Si te consideras tu propio amigo, serás menos duro a la hora de juzgarte y desperdiciarás menos energía sintiéndote culpable y, en cambio, podrás usarla para reparar tu error. Además, mejorarás la comunicación con las otras personas, porque nuestra manera de relacionarnos con nosotros mismos es la base para interactuar con el resto del mundo.

Otro gran motivo para invertir en la bondad: considerando que mejora y amplía nuestra red social, también constituye un potente antídoto para el aislamiento. Esto es fundamental porque el aislamiento, un estado cada vez más común en nuestra sociedad, tiene consecuencias negativas para la salud.

A veces estar solos puede ser útil, porque nos proporciona el espacio que necesitamos para reflexionar y recuperarnos. En cambio, el aislamiento es negativo porque tiene efectos que pueden ser tan graves como fumar 15 cigarros al día, comer o beber demasiado.[11] Es más, según Vivek Murthy, ministro estadounidense de Salud Pública, «las relaciones humanas son tan importantes como el agua o la comida».[12]

La bondad es un remedio muy eficaz para el aislamiento. Podemos acompañar a un compañero del trabajo que se quedó solo a la hora de la comida, preguntarle a alguien sobre su día, sonreírle a un desconocido o invitar al cine a un amigo que sufrió una pérdida reciente. Durante el periodo posterior a la muerte de mi esposo, para mí fue vital contar con un círculo de amigos que me invitaban a cenar o a ir de compras y que me trataban como a una persona «normal». Nuestra sociedad juzga la soledad con una cierta dosis de sospecha y por eso acostumbramos esconderla. Yo lo hice y a veces todavía me pasa. El problema es que, si estamos viviendo un luto o atravesando un periodo de depresión, tal vez nos sintamos solos incluso en una sala llena de gente. Para salir de esa situación debemos aceptar que no tiene nada de malo admitir que estamos en problemas y pedir ayuda. Todos huimos de las personas que tienen dificultades emocionales, lo cual agrava su aislamiento, cuando podríamos abrazar su dolor y demostrarles que es natural que a veces uno se sienta avergonzado. No es fácil enfrentar situaciones nuevas, pero así se crece. Juntos podemos aprender y crear un mejor ambiente para la comunicación. «Dar y recibir ayuda es una de las mejores maneras de crear entendimiento».[13] Ese es el resultado de la bondad.

Siempre que reaccionamos desde la bondad nos sentimos mejor.

SUGERENCIAS PRÁCTICAS

1. Cada mes coloca en un calendario una actividad que te permita practicar la bondad. Por ejemplo, puedes hacer voluntariado con un amigo o un pariente.

2. Agrega la bondad a tus interacciones familiares. Enséñales a tus hijos a ser bondadosos a través del ejemplo. Sonríe más seguido. Di «Por favor» y «Gracias». Usa palabras como «nosotros» y «nuestro» para ser más inclusivo; es una buena manera de reorientar la perspectiva. Por ejemplo, en vez de preguntar: «¿Qué quieren hacer el fin de semana?», puedes preguntar: «¿Qué podemos hacer juntos este fin de semana que sea divertido para todos?». Los niños seguirán tu ejemplo.

3. Practica la bondad hacia ti mismo. Dedica algunos minutos para pensar en tus fortalezas y usa afirmaciones positivas, por ejemplo: «Soy una persona que se preocupa por los demás. Soy inteligente. Puedo aprender. Tuve éxito en el pasado y puedo volver a tenerlo». Tal vez al principio te parezca extraño, pero puede ayudarte a ser más comprensivo con tus debilidades. Tómate el tiempo para apreciar tus cualidades positivas.

PARTE V

POTENCIAR LA ESPIRITUALIDAD

ENTRAR EN SINTONÍA CON LA ARMONÍA CÓSMICA: ESPIRITUALIDAD, SIGNIFICADO Y PROPÓSITO. «NO SOY EL CENTRO DEL UNIVERSO»

11

Meditación, *mindfulness* y significado

El éxito, al igual que la felicidad, no se puede perseguir, debe producirse como resultado involuntario de la devoción personal a un propósito más grande que nosotros.

Mihály Csíkszentmihályi

A veces la gente me dice: «¡Quisiera que mi vida fuera como la tuya!». Tal vez sea por las imágenes que publico en redes y que en realidad solo son un aspecto necesario de mi trabajo. Se les olvida que mi vida estuvo llena de sufrimiento y que tuve que atravesar un tortuoso camino para llegar a donde estoy y lo logré extrayendo significado de lo que me sucedió. Detrás de cada sonrisa sincera en mis fotos de perfil hay un río de lágrimas. No me malentiendan, estoy profundamente agradecida por poder sonreír otra vez y considerarme una persona verdaderamente feliz, pero se necesitó mucho esfuerzo.

Por ejemplo, cada mañana, antes de despertar, ya no me quedo pegada al celular a leer mensajes, noticias o correos electrónicos como antes, sino que dedico la primera media hora del día a leer uno que otro capítulo de un libro que hable de temas espirituales o motivacionales y que me permita recuperar mi buen humor y asumir la perspectiva adecuada para enfrentar el día. Medito sobre mis responsabilidades personales y profesionales. Reflexiono sobre mis aspiraciones, les deseo paz a quienes me lastimaron y serenidad a quien la perdió, y rezo para que mis hijos permanezcan sanos en cuerpo y en mente, y para que encuentren su camino. Obtengo el valor necesario de haber elegido una cotidianidad llena de significado, y eso lo logré porque aprendí a ejercitar mi *músculo espiritual.* Por espiritualidad me refiero al amor, la compasión, la dedicación al prójimo y a un fin más grande que yo misma. La fuerza que recabo me ayuda a cumplir mi misión, es decir, me permite ayudar al mayor número de personas a tomar consciencia de los instrumentos que se hallan a su disposición para incrementar su bienestar y felicidad interior.

Uno de esos instrumentos es el *mindfulness.* En pocas palabras, el *mindfulness* consiste en practicar la concentración en el presente sin divagar con la mente y sin juzgar lo que está pasando, observando cada experiencia y aceptándola por lo que es. Ya que nuestros pensamientos siempre están viajando entre el pasado y el futuro, el *mindfulness* nos enseña a permanecer en el *aquí y el ahora,* a reencontrar nuestro centro para evitar darle vueltas a lo que pasó ayer y sentir ansiedad por lo que podría suceder mañana. ¿Cuántas veces no nos hemos dejado obsesionar por situaciones o interacciones desagradables que todavía no han pasado y nos condenamos a vivirlas como si de verdad hubieran ocurrido? Si permanecemos en el presente, podemos frenar esta tendencia y adquirir una visión más clara de la realidad.

Para mí es una práctica muy importante, sobre todo cuando estoy nerviosa o asustada. Si me concentro en mi respiración y en el piso que hay bajo mis pies, regreso al presente y encuentro mi equilibrio. Y eso no es todo; el *mindfulness* ofrece una serie de beneficios adicionales, todos ellos científicamente comprobados, para aprender a controlar la ansiedad, la depresión y los pensamientos repetitivos. Además, mejora la atención, la concentración, nos permite desenvolvernos mejor en contextos sociales y le ayuda al cerebro a regular las emociones.[1]

Si me concentro en mi respiración y en el piso que hay bajo mis pies, regreso al presente y encuentro mi equilibrio.

En esta época tan difícil, muchas personas en el mundo comenzaron un proceso de transformación a través del *mindfulness,* una práctica de meditación que, según la ciencia, tiene el potencial para cambiar nuestro cerebro y nuestro sistema inmunitario para bien.[2] Este es otro ejemplo del vínculo entre la mente y el cuerpo. Nuestros pensamientos recurrentes y perspectiva inciden sobre nuestros cuerpos y pueden mejorar nuestra salud o llevarnos a desarrollar patologías. Debemos recordar que el bienestar es más que la simple ausencia de enfermedades. La meditación, el yoga y otras prácticas de *mindfulness* que nos enseñan a estar en el presente lo fortalecen.

Obviamente, cada quien tiene un concepto distinto de la espiritualidad. Por ejemplo, para mí, rezar es una especie de meditación y su práctica ilumina mi día a día en formas que ni yo misma sabría describir, solo puedo decir que me infunde quietud, lucidez y paz interior. Practico yoga todos los días y al hacerlo también medito; a muchas personas, incluyéndome, la meditación nos parece elusiva y hasta imposible de alcanzar, pero no hay por qué temer, es normal. Practicar yoga me enseñó que la naturaleza de la mente es divagar, no podemos detener los pensamientos, pero podemos ejercitarnos para volver al aquí y al ahora. A través de la meditación entrenamos a la mente para que no se pierda en digresiones y no se quede absorta en los pensamientos que la atraviesan. Le enseñamos a dejar fluir las ideas mientras nosotros las observamos con desapego como hojas que flotan sobre un riachuelo.

Cuando nos sentimos abrumados por una marea de pensamientos y emociones, es muy útil concentrarnos en algo distinto: la respiración, el perfume de una vela o los sonidos de la naturaleza, para así frenar el movimiento de la mente. Una técnica que a mí me resultó muy útil consiste en visualizar nuestra vida a través de una imagen que para nosotros esté llena de significado, por ejemplo, comparándola con un jardín. Con nuestros pensamientos y acciones, cultivamos día con día el jardín de nuestras emociones. Los pensamientos son las semillas, la energía es el arado y las experiencias cotidianas son nuestra cosecha. Podemos elegir qué es lo que queremos cultivar y arrancar las malas hierbas, aunque para que nuestro jardín se vuelva hermoso y exuberante, debemos darnos cuenta de que nosotros somos los jardineros. Y como con todo, la meditación mejora con la práctica hasta que se convierte en un instrumento del que podemos echar mano en cualquier momento para fortalecer nuestra resiliencia.

Con nuestros pensamientos y acciones,
cultivamos día con día el jardín
de nuestras emociones.

«Conservar la esperanza es lo más importante cuando nos hallamos entre las tinieblas». Estas palabras son de Lucy Hone, una especialista australiana en psicología positiva que perdió a su hija en un trágico accidente automovilístico. Yo encuentro esperanza concentrándome en todo lo que le da sentido a mi vida, en el tiempo que le dedico cada día a la meditación y al *mindfulness.* Cuando es necesario, cada una de estas prácticas me ayuda a calmar la tormenta de emociones y a reorientar mi mente en una dirección positiva y favorable para la felicidad. Me dan la motivación que necesito para mantenerme activa, porque la esperanza es el principal motor de la acción.

Según el profesor Michael Steger, una autoridad en este campo de estudio, «una vida llena de sentido es una existencia que para nosotros posee valor y significado, que podemos comprender y abrazar, y que, además, cuenta con un propósito». El sentido es un concepto muy vasto que engloba un propósito: un fin superior y a largo plazo al cual aspiramos sin necesariamente llegar a realizarlo. El valor está en el viaje no en el destino. Reside en el «ámbito motivacional orientado hacia el futuro y representa uno de los elementos más tangibles y activos del sentido».[3]

Mi ritual matutino termina cuando escribo en mi diario las aspiraciones que tengo para el día. Reflexiono sobre las acciones que puedo llevar a cabo para darle forma a mis valores. ¿De qué manera soy capaz de ayudar a mi prójimo? Cada día todos tenemos una lista de cosas que *hacer*. ¿Por qué no crear una lista de cosas que podemos *ser* para decidir qué actitudes queremos adoptar? Se trata de un ámbito sobre el cual podemos ejercitar total control, por ejemplo: «Hoy quiero ser bondadosa y cariñosa» u «Hoy quiero ser valiente y curiosa». Estas son *formas de ser* que podemos desarrollar a través del ejercicio y que nos permiten vivir con atención y discernimiento en lugar de limitarnos a reaccionar ante las circunstancias. Sin atención y discernimiento, nos arriesgamos a dejar pasar las oportunidades que tenemos frente a nosotros. Si alineamos nuestras acciones con nuestros valores, lograremos crear una vida llena de sentido y de propósito; para mí, la espiritualidad consiste en eso.

Como ya lo mencioné, encontré mi propósito de vida cuando descubrí la ciencia de la felicidad y me di cuenta de que por puro instinto había adaptado comportamientos que tienen bases científicas. En aquel momento comprendí lo importante que era difundir ese conocimiento a gran escala. A partir de 2016 invertí mi *tiempo*, mi *talento* y mis *recursos* en organizar la World Happiness Summit y promover, a través de WOHASU, comportamientos capaces de mejorar el bienestar en cada ámbito de la vida. Mi misión era crear conciencia entre la gente para que se abriera a la posibilidad de una felicidad duradera, transformara las empresas en organizaciones positivas, pasara de una cultura del «yo» a una del «nosotros» y, a escala nacional, considerara otros factores además del producto interno bruto (PIB) para determinar el éxito. Los parámetros, tanto en la vida como en el trabajo, deberían ser distintos porque hoy tenemos pruebas científicas de los innumerables beneficios que nos proporciona la felicidad, aunque para que eso suceda, nos hace falta una definición universal de la felicidad.

Si alineamos nuestras acciones con nuestros valores, lograremos crear una vida llena de sentido y de propósito.

Ilustres economistas, como el profesor Jan-Emmanuel De Neve, de la Universidad de Oxford, y sir Richard Layard, de la Escuela de Economía de Londres, están desarrollando importantes investigaciones en ese campo. Al igual que Richard, pienso que «la sociedad tiene una urgente necesidad de un concepto de bien común alrededor del cual reunir los esfuerzos de sus miembros».[4] Para promover el diálogo sobre el bienestar a escala nacional, WOHASU organizó tres foros gubernamentales llamados H(happy)-20 para discutir la importancia de incluir la economía del bienestar y la ciencia de la felicidad en los programas gubernamentales. Entre nuestros invitados pudimos contar con exjefes políticos de México y Costa Rica, además de ministros y embajadores de varios países. Es un aspecto de mi trabajo que me entusiasma muchísimo por el gran impacto que puede tener: se trata de un verdadero cambio a gran escala.

Decidí dejar de desperdiciar mis energías dándole vueltas a los motivos que me impiden hacer algo, para concentrarme en cómo voy a conseguirlo. Antes yo no era así, pude tomar consciencia de todo esto cultivando mi felicidad y creciendo después del trauma. Para ser más felices, no es necesario perseguir la felicidad, sino nuestras metas.[5] Yo me concentro en pensar cómo voy a llevar a WOHASU a otros lugares, por ejemplo, a Europa, en los nuevos programas que podemos ofrecer y en buscar a los mejores oradores para la Summit. Todas son actividades que se adhieren a mi propósito en la vida y en el trabajo. Gracias a una conversación con Tal Ben-Shahar, experto en estudios sobre la felicidad, comprendí que la ciencia de la felicidad ofrece una perspectiva que «refuerza nuestro sistema inmunitario y psicológico». De hecho, mi trabajo me convirtió en una persona más valiente. En mi opinión, la ciencia se vuelve espiritual porque el enfoque que proporciona nos permite *experimentarla* en nuestro día a día.

La psicología positiva nos enseña que «nuestras acciones y esquemas de pensamiento construyen nuestra manera de ver el mundo».[6] Si nos esforzamos por adoptar comportamientos que promueven una actitud sociable y esquemas mentales de crecimiento, nos damos cuenta de que la felicidad duradera tiene que ver con nosotros y con el prójimo. En otras palabras, es buena para nosotros y puede impactar de varias maneras positivas a los demás, por eso es tan importante tomar consciencia y cultivarla. Yo estoy muy orgullosa de todo el trabajo que ha realizado nuestro grupo para difundir la felicidad a escala cada vez mayor y favorecer la evolución de WOHASU, de un evento aislado y una comunidad a un movimiento hecho y derecho.

Mi trabajo me trajo una enorme sensación de sentido. Tuve que luchar para encontrar la felicidad, y justo por eso es tan importante para mí. La considero tan importante que he elegido acciones como el perdonar a quien me hirió profundamente, porque sé que este tipo de decisiones incrementa mi bienestar y representa una de las bases que le dan sentido a mi vida y me hacen más feliz. La felicidad no tiene que ver con vivir en un perpetuo estado de exaltación. Para mí, consiste en tener un objetivo; experimentar el estado de fluidez, practicar la resiliencia, el *mindfulness* y la gratitud; ser bondadosos; ayudar, cuidar, servir y perdonar al prójimo; hablar y escuchar desde el corazón. Estos son los elementos que construyen una *buena* vida y a esto me refiero cuando hablo de la felicidad.

SUGERENCIAS PRÁCTICAS

1. Dedica un momento del día a una práctica contemplativa como la meditación, la oración, el yoga o un paseo por la naturaleza. Experimenta diversas modalidades y elige cuál se adapta más a ti. Recuerda: es más importante ser constante que dedicarle mucho tiempo a una práctica. ¿Cómo te sientes después de la práctica? Escribe sobre ello en un diario.

2. Explora tu propósito de vida poniéndote metas que a largo plazo sean importantes para ti. Cuando te propongas un objetivo, sigue la técnica Smart: para que un objetivo sea relevante, debe ser específico *(specific)*, medible *(measurable)*, alcanzable *(achievable)*, realista *(realistic)* y debe tener una duración limitada *(time-bound)*. Alimentar un proyecto ayuda a desarrollar nuestro propósito y autonomía. Puede incluso contribuir a la concentración, a la claridad mental y representa un estímulo para la atención. Una manera para decidir nuestro objetivo consiste en entrar en sintonía con nuestros valores. Reflexiona sobre tus convicciones más profundas y pregúntate por las acciones que podrían tener un impacto positivo en tu comunidad. A través de este tipo de reflexiones, descubrimos lo que de verdad nos importa. Escribe tus metas y comprométete con ellas. Visualiza las acciones que tomarás a futuro para que puedas trazar tu curso de acción usando la técnica Smart. Toma nota de tus pequeños logros a lo largo del camino.

12

Gratitud

Reconocer lo bueno que está presente en nuestra vida es el fundamento de la abundancia.

ECKHART TOLLE

Es casi imposible sentirse agradecidos e infelices al mismo tiempo. Son dos estados de ánimo que se anulan entre ellos. Claro, para ser eficaz, la gratitud no puede limitarse a una simple intención, debe ser una práctica. El *acto* de la gratitud debe incrementar la felicidad. Escribir un mensaje o un correo electrónico de agradecimiento, anotar en un diario todo lo que agradecemos o tan solo decir «Gracias» con una sonrisa son acciones que determinan un cambio positivo, y hay una ventaja adicional: cuando la expresas, la gratitud te beneficia a ti y a la otra persona. Es otro ejemplo de un círculo virtuoso: un gesto que beneficia al remitente y al destinatario. Apreciar a todas las personas maravillosas, las comodidades y los momentos hermosos de nuestra vida cotidiana es una excelente herramienta para incrementar la felicidad cuando las cosas van bien, pero en los momentos difíciles se convierte en la sólida raíz que está sujeta al árbol de la vida. «Es más», dice el profesor Robert Emmons, un líder en los estudios sobre la gratitud, «es justo en los momentos de crisis cuando más necesitamos una perspectiva encaminada hacia la gratitud».

Por instinto, en el momento en el que los médicos y las enfermeras luchaban por salvarle la vida a mi esposo, yo usé la gratitud como un mecanismo de defensa positivo. Creo que fue la primera vez que pensé con claridad: «¿Qué puedo aprender de esto? ¿Qué aspectos de esta situación están bajo mi control?». Todo me parecía surrealista y estaba sucediendo demasiado rápido: momentos antes estaba hablando tranquilamente con el doctor en una sala de espera; de pronto, sonó la alarma de un monitor y vi a una multitud precipitarse al cuarto de Ricardo. Dos pensamientos simultáneos surgieron en mi mente: «Es imposible, me rehúso a vivir este momento» y «Está pasando, de verdad está pasando. Me toca a mí atravesar una experiencia *imposible.* Tengo que buscar la manera de enfrentarla y permanecer junto a mi esposo».

El caos que reinaba a mi alrededor (los monitores que parecían enloquecidos y todas las personas que entraban y salían corriendo del cuarto) era muy parecido al que había en mi interior. Sabía que ese vórtice iba a devorarme y arrastrarme si no encontraba la manera de aferrarme a algo. En cuestión de segundos comprendí que no podía hacer nada para evitar la muerte de mi esposo, pero al mismo tiempo no podía dejarme ahogar. Tomé una decisión: iba a sentirme agradecida por haberlo tenido en mi vida. Fue una de las primeras veces en las que recuerdo haber frenado el ritmo de mis pensamientos para poder ver las alternativas a mi disposición.

Probar que estaba a la altura de la situación: eso todavía estaba bajo mi control. Empecé a decir «Gracias» y repetí esa palabra hasta el infinito. Le di las gracias a Dios y al universo por la persona que estaba perdiendo. Le di las gracias a Ricardo por haber sido un padre increíble y un esposo sin igual que me amó con todo su corazón y me aceptó incondicionalmente. También estaba agradecida de que su muerte sucediera rápidamente, sin miedo y sin dolor. Los médicos y las enfermeras me miraban como si me hubiera vuelto loca, pero yo me sentía en paz. Estaba actuando a partir de mis valores y me daba cuenta de que lo que estábamos viviendo en ese momento le estaba ocurriendo a él y no a mí; yo advertiría las consecuencias más tarde. Decidí mantenerme a su lado por última vez y me enorgullece haberlo logrado. Pude darle a Ricardo todo mi amor y mi gratitud. No sé cómo, pero logré manejar la situación, y estoy muy agradecida por eso y por los amigos y parientes que me quedan. Agradezco que Ricardo haya sido el padre de mis hijos y haya sido para ellos un ejemplo de bondad, compasión y generosidad.

Es curioso, pero había olvidado todo esto, lo recordé hace solo cinco años durante un curso de formación de la felicidad, cuando mi hermana habló de ello. El tema de la sesión era la gratitud y mi hermana me dijo: «Fue lo que tú hiciste». Creo que el trauma de la pérdida había bloqueado ese recuerdo. Como ya vimos, nosotros recordamos los momentos más importantes de una experiencia (sea agradable o desagradable) y su fin.[1] La verdad es que no alcanzo a *concebir* un evento más importante que la muerte de mi esposo, que fue, además, el trágico final de algo. Mi memoria se había quedado estancada largo tiempo en la pérdida, mientras que ahora puedo concentrarme en lo maravillosa que fue su existencia y la gratitud que siento por haber tenido la posibilidad de construir mi vida junto a él. Ya he hablado de este suceso varias veces con mi amigo Mo Gawdat, ex director ejecutivo de Google X y fundador de la One Billion Happy Foundation, quien vivió la trágica muerte de su hijo. Sí, las personas que queremos a veces se van y esto trae un dolor inmenso, pero podemos decidir celebrar el que hayan vivido, y esto puede restituirnos la gratitud y, con el tiempo, hasta la felicidad.

Yo decidí no dejar que mi pérdida me quitara mi fe en Dios, en el amor y en la vida; decidí sentirme agradecida por lo que todavía tenía: mis hijos. Nunca comprenderé por qué Ricardo tuvo que morir de manera tan imprevista y prematura, pero en ese momento de caos y trauma, la decisión de sentirme agradecida me restituyó la paz interior. El *shock* antecede al dolor. Sabía que pronto tendría que hablar con mis niños y que la mejor manera de consolarlos era mostrarme tranquila. La gratitud abrió el espacio que necesitaba para poder hacerlo y me esforcé por encontrar motivos para sentirme agradecida, aunque en realidad hubiera querido gritar: «¿Por qué a mí?».

La única vez que me permití decir ese «¿Por qué a mí?» mi madre me abrió los ojos cuando respondió con ternura: «¿Y por qué *no* a ti?». Tenía razón, el mundo está lleno de eventos terribles e injustos, de desgracias y de sufrimiento. Entonces, ¿por qué no me iba a tocar a mí? La vida nos pasa a todos, ya sean pequeños tropiezos, desilusiones más o menos dolorosas o la catástrofe absoluta. A veces tendremos que enfrentar lo inconcebible, pero, sin importar lo grave de la situación, siempre podemos usar nuestra creatividad y nuestras fortalezas para enfrentarla de manera sana y aprender algo positivo, si no de inmediato, a largo plazo. Aunque solo sea la capacidad de *imaginar* un futuro en el cual las cosas sean un poco más sencillas, este también es un modo de plantar semillas que germinarán. Pero solo podemos lograrlo si tomamos consciencia del hecho de que hacerlo es posible y si nos esforzamos activamente por alcanzar esa meta. Claro, es difícil, aunque para mí la alternativa era inconcebible. Me di cuenta de que Ricardo no volvería, aunque pasara el resto de mis días en la amargura y la depresión; en cambio, podía seguir sus pasos y recoger el testimonio de la alegría, la bondad y el amor que le había traído a nuestra familia.

La gratitud abre las puertas de la felicidad porque amplía nuestra percepción y nos permite alzar la mirada del limitado campo de visión que tenemos frente a nosotros para ver lo que nos espera en el horizonte. Si observamos nuestra vida desde lo alto, lograremos reconocer que tenemos más de lo que pensábamos y esto nos reorienta a un esquema mental de abundancia. Démonos cuenta de esta verdad: «¡Tengo muchas cosas que agradecer!».

La pérdida también me enseñó a apreciar a todas esas personas generosas que ayudan a transformar experiencias ordinarias en extraordinarias. La gratitud no debe limitarse solo a ciertos eventos; es mucho mejor que la evoquen pequeños gestos cotidianos que podemos elevar hasta considerarlos interacciones transformadoras. Podemos disfrutar todos esos momentos y tratar de prolongarlos. Cada vez que alguien nos traiga el café, nos ceda el paso, nos haga un cumplido, nos ayude con el trabajo o nos brinde cualquier atención, démosle las gracias. Pensarlo no basta, debemos expresarlo; de este modo, no nos arriesgamos a dar por sentado a las personas. La gratitud le demuestra a nuestro prójimo que lo vemos y que es importante para nosotros.

La gratitud abre las puertas de la felicidad porque amplía nuestra percepción y nos permite alzar la mirada del limitado campo de visión que tenemos frente a nosotros para ver lo que nos espera en el horizonte.

Si quieres ser feliz, practica la gratitud. Así es como «tomamos conciencia de tener suficiente y de bastarnos a nosotros mismos».[2] Es una parte esencial de la felicidad duradera que podemos controlar y perfeccionar. Es una habilidad que se aprende.

Según la Escuela de Medicina de Harvard, invertir en la gratitud vale la pena, porque además de favorecer la felicidad y otras emociones benéficas, mejora la salud y las relaciones, incrementa la resiliencia y nos ayuda a disfrutar a fondo las experiencias positivas.[3]

Algo que puedes hacer para practicarla es escribir en un diario todo lo que tienes que agradecer. Establece una hora específica del día para dedicarle tiempo a tu diario; lo ideal sería justo después de despertar o antes de ir a dormir, porque en esos momentos tendrás menos distracciones. Regálate un cuaderno especial, uno bonito, agradable al tacto, con citas motivacionales, y que siempre tenga un lápiz entre sus páginas. Tal vez parezcan sugerencias obvias, pero al crear las condiciones adecuadas, la probabilidad de mantener el compromiso aumenta. Pregúntate a ti mismo qué necesitas para mantener el compromiso como se debe. Puedes incluso conseguir un «frasco de la gratitud», un contenedor de vidrio en el cual, cuando se sientan inspirados, todos los integrantes de tu familia pueden ir dejando papelitos con algo escrito por lo que estén agradecidos. Ver que el frasco se llena ya es en sí una buena experiencia. Después, establece una fecha límite para que juntos lean los papelitos. De esta forma la práctica de la gratitud se convierte en un evento que refuerza los lazos.

La gratitud le demuestra a nuestro prójimo que lo vemos y que es importante para nosotros.

Tal vez escribirlo no te resulte natural o te parezca una exageración. En ese caso, ¿por qué no le tomas foto con tu celular a las cosas por las que estás agradecido? Crea un álbum de imágenes y observa cómo crece. También esta es una práctica que puedes compartir con amigos y familiares.

En el trabajo, puedes redactar un correo electrónico de agradecimiento para esos compañeros que te ayudaron. Puedes agradecer a alguien hasta por cosas que debía hacer, puesto que sigue siendo una forma de invertir en tus relaciones: como sabemos, equivale a invertir en la felicidad.

Otro excelente motivo para practicar la gratitud es que nos ayuda a evitar que la mente se obsesione con pensamientos recurrentes, ofreciéndonos algo más en lo que podemos concentrarnos. Además, hace que nuestro cerebro adopte una mentalidad positiva. No tenemos que obligarnos a sentirnos felices, agradecidos o alegres, pero podemos elegir llevar a cabo acciones positivas. «Las emociones derivan de nuestra manera de ver el mundo y de lo que pensamos sobre la vida tal y como es, de lo que podría ser y de la distancia entre estos dos puntos».[4]

Al enfrentar una desilusión, la gratitud nos restituye el sentido de la proporción y nos permite ver nuestra vida tal y como es en lugar de dejarnos aplastar por circunstancias temporales. Claro, no es fácil, pero vale la pena, porque con el tiempo nuestras acciones se convierten en formas de ser.

Yo aprendí de la peor manera a no dar por sentado a las personas que quiero y que a veces las cosas no suceden como uno esperaría. Es más: la vida puede cambiar por completo de un momento a otro. Cuando me pasó a mí, puse toda mi energía en la gratitud y esa *inversión* creció hasta transformarse en la flor resiliente, perfumada y multicolor del día de hoy. Estoy muy agradecida por todo el apoyo, la bondad y la compasión que recibí en un momento tan difícil para mi familia. La gratitud fue un bálsamo para mi corazón destrozado y aún hoy en día es parte de mi práctica de la felicidad. En palabras del profesor Robert Emmons, la gratitud «no solo es positiva en estado puro, sino que tiene el potencial de redimir los contextos más difíciles transformando el sufrimiento y la adversidad en algo positivo».[5]

Así que presta atención a los momentos alegres que tienes el privilegio de experimentar, toma nota de ellos y siéntete agradecido. Prolonga su duración compartiéndolos con otros, recordándolos y apreciándolos.

Recuerda: no podemos decidir *sentirnos* agradecidos o felices, pero podemos elegir *practicar* la gratitud, y al cultivar este hábito, nos volvemos más felices.

SUGERENCIAS PRÁCTICAS

Escribe un diario de gratitud:[6]

1. Descubre nuevas cosas por las que estés agradecido en los momentos ordinarios y sé específico. Por ejemplo, en vez de decir: «Estoy agradecido por mi familia», mejor intenta: «Estoy agradecido porque mi hijo atrasó su viaje para quedarse junto a mí en esta semana tan difícil».
2. Establece un momento del día para dedicarle tiempo a tu diario. ¿Qué te queda mejor, la mañana o la noche? Sé realista a la hora de proponerte un objetivo y crea las circunstancias favorables para su realización, por ejemplo, despertando 15 minutos antes de lo acostumbrado y teniendo el cuaderno abierto sobre tu mesita de noche.
3. Experimenta nuevas maneras de escribir tu crónica de la gratitud, por ejemplo, con un frasco de papelitos que puedas leer con tu familia cada semana o tomándole fotos a las personas o cosas que te hacen sentir gratitud. Elige el método que te funcione.
4. Escríbele un mensaje de agradecimiento a las personas que están en tu vida: parientes, amigos o colegas. Sé específico y precisa por qué estás agradecido.

13

El poder de la narración autobiográfica

Nos convertimos en la narración que construimos para contar nuestra vida.

JEROME BRUNER

Los seres humanos son *fábricas de significados*. Nuestra identidad corresponde a las historias que nos contamos de nosotros mismos. Yo elegí ser la protagonista de mi historia, lo que me permitió ser útil para mis hijos, mis familiares e, incluso, inaugurar la World Happiness Summit. WOHASU se convirtió en un movimiento de transformación positiva impulsado por una comunidad numerosa y diversa dedicada a hacer del mundo un lugar mejor. Todo esto fue posible porque decidí crear una narrativa diferente para mi vida. «Nuestra forma de ver nuestras experiencias y de hablar puede agrandar los problemas o ayudarnos a contemplar nuevas posibilidades».[1]

Yo nací en Nicaragua, un país pobre y atormentado, y tuve una infancia difícil. De pequeña viví cosas que me marcaron e incidieron en la narración que desarrollé como adulta.

Sin darme cuenta, esas experiencias me llevaron a crear una narración en la que yo era la víctima y, por lo tanto, dejé que los eventos determinaran mi trayecto en vez de elegir mi camino de manera consciente. No sabía que dependía de mí. Yo creía que la vida le pasaba a uno y ya.

En realidad, como vimos en el capítulo 2, nuestro cerebro privilegia la información y construye esquemas mentales que funcionan como ficheros, donde guarda la información que obtiene de su entorno; pero, considerando la enorme cantidad de estímulos externos, solo percibimos una parte y la selección sucede a partir de nuestros esquemas preseleccionados. En mi caso, eso quería decir que mis ficheros estaban llenos de negatividad, y como yo experimentaba la vida a través de ese filtro, no lograba ver las oportunidades que tenía junto a mí ni a fijarme en las muchas cosas positivas que pasaban: había desarrollado un punto ciego. Miraba el mundo a través de un lente que lo deformaba todo y ni siquiera me daba cuenta, porque para mí esa visión distorsionada se había convertido en una segunda naturaleza.

La cosa más interesante que descubrí cuando empecé a interesarme por la psicología positiva fue la neuroplasticidad, es decir, la capacidad de nuestro cerebro de cambiar sus esquemas con el fin de mejorar y transformar nuestra vida. Para que esto suceda se necesita lucidez y acción. Obtenemos esa lucidez a través del aprendizaje y la exploración, que fueron para mí dos ámbitos sobre los cuales pude usar mis fortalezas: la curiosidad y el amor por el estudio. Mi luto había sido demasiado grande para permanecer de brazos cruzados: tenía que reaccionar, necesitaba moverme. El dolor es un catalizador para el cambio. El fuego quema y ese dolor agudo que sientes cuando acercas tu mano a la estufa te dice que la retires para evitar quemaduras. Es una reacción innata necesaria para la supervivencia.

Al tomar conciencia de nuestra conversación interior, aprendemos a frenar el avance de nuestros pensamientos y a descifrar el mensaje que nos estamos comunicando a nosotros mismos. Llegados a ese punto, podemos decidir en qué tipo de historias queremos centrar nuestra atención; esos relatos se vuelven parte de nuestra identidad. Algunos son ciertos, otros no, pero todos son ideas que se materializan a través del comportamiento

Al tomar conciencia de nuestra conversación interior, aprendemos a frenar el avance de nuestros pensamientos y a descifrar el mensaje que nos estamos comunicando a nosotros mismos.

Imaginemos a un niño que corre por su casa, golpea un mueble y tira un jarrón. El adulto que está ahí presente puede gritarle con enojo y exclamar: «¿Por qué eres tan torpe?», y tal vez ese niño crecerá pensando: «¿Por qué soy una persona tan torpe?», en lugar de: «Una vez rompí un jarrón y aprendí a no correr por la casa». Como adulto, su diálogo interior le transmitirá que no tiene habilidades para otras cosas como practicar un deporte.

Por lo tanto, las historias que nos contamos sobre nosotros mismos se convierten en creencias limitantes que condicionan de manera negativa nuestra vida cotidiana y restringen nuestro margen de acción. Los esquemas mentales no permiten que nos demos cuenta de esto, pero si nos volvemos conscientes, podemos usar la narración para cambiar nuestra vida. Según la doctora Margarita Tarragona, especialista en psicología positiva y praxis narrativa, «si vemos los problemas como una especie de historia, podemos encontrar la solución escribiendo un relato alternativo».[2]

Tras una relación de 21 años, me encontré sola de un momento a otro y con una identidad completamente nueva: me había convertido en viuda, ¿y qué quería decir ser «viuda»? La palabra me era tan ajena que solo conseguía representarla a través de películas. Quién sabe por qué, pero me vino a la mente una parte de *El Padrino:* una joven mujer que de pronto se convertía en una anciana vestida de negro condenada a no sonreír nunca más y a morir por dentro. Empecé a imaginar que vivía esa película, pero la bloqueé de inmediato. Mi diálogo mental fue más o menos así: «Ni loca. No sé cómo, pero esa no seré yo, volveré a ser feliz. Voy a salir de esta. Me convertiré en la protagonista de mi historia, no en la víctima de mis circunstancias. Me vestiré de rojo».

¿Cómo nos convertimos en los héroes de nuestra historia? En mi caso, lo primero fue tomar la decisión, después elegí un objetivo: volver a ser feliz. Luego me di cuenta de que para cumplir mi misión debía actuar. No sabía cuánto esfuerzo iba a requerir ni que eso mismo sería lo que determinaría mi transformación, solo sabía que, para superar el miedo al «fracaso», tenía que intervenir. Hoy sé que el fracaso es aprendizaje; en la vida no hay ensayos preliminares. ¡Es como levantar un violín por primera vez y tener que dar un concierto en un auditorio lleno de gente! Las cosas las aprendemos a través de la prueba y el error, pero lo maravilloso es que podemos restarle importancia a la narrativa del fracaso si nos acostumbramos a verlo como una oportunidad de crecimiento. Lo importante es no repetir los mismos errores.

El fracaso es aprendizaje.
Las cosas las aprendemos a través
de la prueba y el error.

Cuando comencé mi maestría en Administración en Georgetown, no tenía idea de lo mucho que tendría que trabajar para conseguir el título. Lo que me interesaba era el proceso, no la meta. Quería descubrir de qué era capaz y ponerme a prueba en un ambiente que tal vez me proporcionaría nuevas oportunidades personales y profesionales. Después de la muerte de Ricardo, mis hijos me salvaron la vida y, después de ellos, la Universidad de Georgetown. La comunidad universitaria me recibió con los brazos abiertos y me ayudó más de lo que soy capaz de expresar. Encontré amigos comprensivos capaces de ofrecerme el apoyo y el espacio que necesitaba tras una repentina pérdida sufrida unos meses antes. Para mi cumpleaños, una amiga organizó una cena en un restaurante de lujo. Asistieron alrededor de treinta personas a festejarme e, incluso, habían puesto mi nombre en el menú (todavía lo conservo). En el aniversario luctuoso de Ricardo, la secretaria de la escuela mandó un ramo de flores a mi familia en Miami. Todos estos fueron gestos llenos de significado que jamás olvidaré.

Asistir a la universidad poco a poco me hizo evolucionar y empecé a transformarme en una persona distinta. Mi diálogo interior estaba cambiando. Volví a sentirme viva y a imaginar un futuro donde las tinieblas se disiparían y yo dejaría de tener miedo. Comencé a preguntarme cómo se comportan las personas felices. Descubrí que, por lo regular, se despiertan temprano y enfrentan el día con valor; le dicen «Sí» a las actividades divertidas, hacen ejercicio y ven las cosas con optimismo. Decidí imitarlas y noté que hacerlo me estaba cambiando. Mi diálogo interior se estaba transformando en: «Yo puedo hacerlo». Debo aclarar que no estoy vendiendo positividad tóxica. Todavía estaba herida, triste y muy vulnerable, pero me estaba concentrando en los aspectos de mi experiencia que podía controlar y dándome espacio para esperar, planificar y volver a florecer. A través del dolor le había abierto la ventana a la posibilidad.

Quiero subrayar que esa ventana no se abrió sola, yo la abrí, lo cual fue muy difícil porque tuve que aprender a un ritmo acelerado algo que para mí era completamente nuevo: estar bien por mi cuenta después de haber vivido la mitad de mi vida casada. Lo más complicado fue aprender a ser feliz en medio del trauma y la confusión, pero *tenía* que hacerlo. La única forma de encontrar una salida para mis hijos era mostrarla a través del ejemplo. Quería que estuvieran bien y que fueran felices, y para hacerlo posible, tenía que ser yo la primera en obtener satisfacción de mi nueva vida. Fue un verdadero desafío.

Si elegimos el significado que le atribuimos a nuestras experiencias, podemos elegir una narración que fortalezca nuestro propósito. Como expliqué en el capítulo 10, yo decidí extraer significado de una experiencia dolorosa para mi familia. Quería heredar el legado de bondad, compasión, excelencia, generosidad y alegría que Ricardo había dejado. Esto me permitió abordar la vida desde otro ángulo, recibir la esperanza y liberarme de la sofocante sensación de miedo que me impedía ver el potencial de felicidad que tenía a la mano.

Una vez que hayamos decidido cambiar nuestro esquema para crear una narración distinta, es importante que encontremos algo que sustente esta nueva visión. Podremos encontrarla en nuestras fortalezas. Como ya vimos, ser conscientes de uno mismo arroja luz sobre nuestros talentos, los cuales contribuyen a formar la nueva historia que queremos contar sobre nosotros mismos e integrar a nuestra nueva identidad. Por mi forma de ser, soy buena narrando y comunicando. De hecho, mi primera maestría fue en Comunicación. En eso me parezco a mi papá. De pequeña me encantaban sus historias; le daban rienda suelta a mi imaginación. Tal vez la visión que tengo del futuro deriva precisamente de esos sueños y esa infancia.

Una vez que terminé mis estudios en Administración de Negocios, busqué trabajo en el área de la comunicación: era uno de mis talentos y tenía un título para demostrarlo. La elección me pareció obvia. Acepté un trabajo como responsable de comunicación y gestión de crisis en una empresa. Me iba bien, pero no me sentía satisfecha. Esa carrera no me confería un propósito, uno de mis nuevos parámetros para medir el éxito. No había sobrevivido a la muerte de mi esposo y a todo lo que había sucedido después para conformarme con un trabajo que no me hacía sentir viva. Notaba un vacío que solo un verdadero propósito podía llenar. Reflexioné sobre todo lo que me había dicho a mí misma cuando perdí a Ricardo y sobre la decisión que tomé en ese momento. ¿Acaso no había elegido la felicidad? Pues mi nuevo trabajo no me hacía feliz. Así que dejé la seguridad para seguir mi verdadero objetivo y aposté todo por la felicidad.

Así nació mi asociación, a partir de una narración distinta sobre mí misma: «Soy una persona que eligió la felicidad a pesar del dolor y pude alcanzarla porque me comprometí conscientemente con mi objetivo. Crear una plataforma que promueve una ciencia en desarrollo me permitió encontrar una fuente interminable de sentido». Esa era la persona que yo quería ser y la misión a la que quería dedicarme. Nada me garantizaba que lo iba a lograr, pero tenía experiencia: yo había aprendido a ser feliz y quería ofrecerle a los demás la misma oportunidad, el mismo conocimiento. Me volví la protagonista de mi historia cuando me convertí en emprendedora social y transformé un evento aislado en un movimiento basado en los principios que mi esposo había encarnado.

Hoy en día, mi trabajo consiste en aprender de expertos extraordinarios, crear vías de comunicación con una comunidad global, y compartir mi historia de crecimiento y servicio con los demás. Lo que me da satisfacción es la posibilidad de contribuir a la felicidad ajena. Nada me hace más feliz que inculcar en mi prójimo la semilla de una nueva consciencia que le abra los ojos a lo que puede lograr en la vida. Claro, esto también requiere tiempo y esfuerzo, pero vale la pena. No me engaño, me doy cuenta de que hay obstáculos; no obstante, me concentro en operar de manera positiva y eficaz para superarlos.

Antes de cambiar mi historia solo veía las dificultades. Por lo tanto, tuve que reorientar mi atención; todo en lo que me concentro crece. Con esto no pretendo minimizar el esfuerzo que me tomó, al contrario, jamás en mi vida había trabajado tanto. WOHASU se expande y evoluciona día con día. Hoy ofrecemos un curso con certificación *Chief Happiness Officer* [director ejecutivo de la felicidad], y recibo invitaciones de todo el mundo para dar conferencias y compartir mi experiencia. Nuestra Summit en Italia fue la primera fuera de Estados Unidos y tuvimos que enfrentarnos a una cultura y una lengua distintas en otro continente. Hace poco alguien me dijo que fue muy valiente de mi parte organizar una Summit en Europa, pero a mí me salió natural extender nuestra labor a otros países, porque estoy convencida de que es posible hacer que la gente sea más feliz y crear un mundo más sano y asequible. Las personas felices, agradecidas y bondadosas no organizan guerras.

Si no sabes cómo reencontrar la felicidad o aún no la has experimentado, recuerda agregar un «todavía no» al final de tu diálogo interior. Yo lo logré y tú también puedes hacerlo. ¿Has encontrado el amor? *Todavía no.* ¿Has descubierto el significado de tu vida? *Todavía no.* ¿Tu relación con tus hijos no es la mejor? *Todavía no.* Amo estas dos palabritas. Son pocas letras, pero el mensaje de esperanza que transmiten es muy poderoso. Todos necesitamos una buena inyección de esperanza.

Los principios que sostienen la felicidad son sencillos, pero ponerlos en práctica puede ser difícil; sin embargo, el precio que se paga por hacer el papel de la víctima y por autocompadecerse es muy elevado. Ahora, seamos claros, es perfectamente normal sentirse como una víctima tras una experiencia traumática, pero tarde o temprano llega un día (y solo tú puedes saber *cuándo)* en el que hay que dejar ir.

Yo me la paso pensando en nuevas maneras de difundir la felicidad. Hay tantas cosas que no sé hacer… *todavía.* Cuando algo merece nuestro esfuerzo, no nos queda más que actuar. Al reorientar nuestro diálogo interior, descubriremos dentro de nosotros recursos que no habíamos imaginado y la motivación necesaria. Yo sé que encontraré la manera de trabajar en Europa viviendo en Miami. Todos tenemos un potencial que todavía no hemos descubierto, así como una gran capacidad para adaptarnos a través del aprendizaje, la acción y la creación de hábitos de cambio positivos.

De este modo, el crecimiento se convierte en parte de nuestra historia. Con cada pequeño logro, con cada paso, añadimos un nuevo capítulo a una historia de la cual somos los protagonistas, pero esto solo puede suceder si nos fijamos en nuestros logros, aun si nos parecen diminutos y banales. Lo repito: las cosas pequeñas generan cambios enormes. En lo que a mí respecta, no existe nada como la sensación que experimento cuando me doy cuenta de que algo es posible y logro apartar mi atención del problema para expandir mi visión y considerar los miles de oportunidades nuevas que ese mismo problema creó.

Otra lección que aprendí fue la de ir a donde mi presencia es requerida. No sirve de nada forzar una situación, a mí me basta con seguir mis inclinaciones naturales y darle mi tiempo a las personas y organizaciones que verdaderamente se alineen con mis valores y mi misión. Juntos podemos escribir historias donde nos apoyemos mutuamente y hacer de nuestro viaje una experiencia bella y productiva. A veces sentiré una pequeña desilusión por no haber sido incluida, pero siempre puedo reorientar mis pensamientos y concentrarme en todas esas veces en las que personas increíbles me invitaron a hacer cosas maravillosas. De esta forma, el «No me incluyeron» se transforma en «Me escucharon».

Todos tenemos un potencial que todavía no hemos descubierto, así como una gran capacidad para adaptarnos a través del aprendizaje, la acción y la creación de hábitos de cambio positivos.

En mis viajes llevo conmigo un montón de cartas. Son mensajes de afecto que mis amigos me han escrito a lo largo de los años. Ellos no saben que las guardo en mi mochila, pero gracias a esas palabras siento su presencia aun cuando estoy lejos. Me inspiran y me ayudan a crecer. Después de todo, «la vida es un proceso de crecimiento».[3]

Estoy profundamente agradecida por el hecho de que yo y mis hijos no despertamos la pena de nadie, porque esto confirma mi historia como protagonista de mi vida. En mi familia no hay víctimas. Estoy orgullosa porque logramos tomar una experiencia injusta y dolorosa para transformarla en un mensaje de esperanza que podemos transmitir a los demás. Y la esperanza es, justamente, el tema más importante de mi historia, una historia que puedo resumir en cuatro palabras: «Creció cultivando la felicidad».

Yo encontré la forma de ser más feliz y tú también lo puedes lograr.

SUGERENCIAS PRÁCTICAS

1. Conserva las cartas y los mensajes de felicitación o agradecimiento que hayas recibido. Tenlos a la mano para que puedas releerlos y disfrutarlos en cualquier momento. Puedes guardarlos en una caja sobre la cómoda, o puedes crear un archivo digital con todos los correos electrónicos de apoyo que te han llegado; luego tómales una captura de pantalla y crea un álbum en tu celular con el título *Cosas amables que me dijeron*. Es importante que de vez en cuando las leas. Las personas nos aprecian más de lo que creemos y sus palabras nos fortalecen.
2. ¿Qué te dices cuando te hablas a ti mismo? Toma nota de las palabras que usas para describirte, ya sea en tu diálogo interno o en las conversaciones que tienes con otras personas. ¿Cuáles son las palabras más frecuentes? ¿Logras ver un patrón? Cambia el diálogo autolimitante por una nueva narración. Sigue las indicaciones del punto tres.
3. Explora una nueva identidad. La sugerencia de Margarita Tarragona es la de ver una película o escuchar una canción y luego el refrito o el *cover*. Date cuenta de que es posible reescribir una historia desde otro ángulo y crear una versión distinta a partir de la que la antecedió. Una vez que hayas localizado las diferencias entre una obra y otra, decide cuál te gusta más, si la original o la nueva. Reflexiona sobre la posibilidad de crear distintas *versiones* de ti mismo con base en los aspectos de tu carácter que quieres mostrar y busca la manera de cultivarlos.

Date cuenta de una cosa: para cultivar hábitos nuevos, debes establecer rituales y repetirlos con constancia a fin de que puedas experimentar realmente tu nueva historia. De este modo, una decisión abstracta se convierte en una forma de ser.

14

Unas últimas palabras

NO DEJES QUE LA VIDA TE SUCEDA, ¡PARTICIPA!

Ser profundamente amados nos da fuerza;
amar profundamente nos infunde valor.

LAO TZU

Cuando vi *Tiburón,* la película de Steven Spielberg, empecé a tenerle miedo al mar. De niña era un problema. Todos mis primos y amigos amaban el mar, y yo fingía divertirme cuando chapoteaba con ellos, pero en realidad estaba aterrorizada. Mi mamá (quien me había advertido que no fuera a ver esa película) era prácticamente un animal marino: el océano era su hogar. A los 12 años me inscribió a un curso para aprender a navegar en velero, y fue un verdadero suplicio. Detesté cada segundo que pasé en ese bote, y lo peor era que mis compañeros, a diferencia de mí, se la estaban pasando increíble. Me gustaba ver el mar, pero en mi cabeza no hacía más que pensar en todo lo que podía salir mal. En retrospectiva, me doy cuenta de que ese miedo tenía que ver con el peligro y la inseguridad que había experimentado durante mi infancia en Nicaragua.

Cuando descubrí la psicología positiva y, concretamente, los beneficios que uno puede obtener al adoptar un esquema mental que favorece el crecimiento, decidí enfrentar mis miedos. El encierro de la pandemia me impidió viajar, así que, en cuanto pude, me concentré en esa tarea. Para eso, apelé a una de mis fortalezas, es decir, la pasión por el aprendizaje. Me inscribí a un nuevo curso para pilotar veleros y aprendí a navegar un pequeño catamarán. Por primera vez pude disfrutar la sensación del viento en mi cabello y del agua que el mar salpicaba sobre mi rostro. Adquirí un nuevo sentido de dominio. Nadé con delfines y me hice amiga de mis compañeros de tripulación. Había superado mis miedos y la experiencia me convirtió en una persona más valiente en otros ámbitos.

Como seguramente les pasó a muchos, la pandemia me obligó a reflexionar más a fondo sobre mi vida. Al principio pensaba: «Qué mala suerte tener que vivir este momento de la historia». Me parecía el fin del mundo; además, el encierro afectó a WOHASU. En marzo de 2020, nos vimos obligados a cancelar la Summit a solo seis días de la inauguración. Sin embargo, al final opté por reorientar mis pensamientos en una dirección positiva: «Qué suerte. Es más, qué privilegio atravesar un momento en el que mi trabajo será de mayor utilidad para las personas». Pude cambiar mi perspectiva porque llevo años estudiando los principios que compartí en este libro y, sobre todo, porque no he dejado de practicarlos cada día. Tal vez te parezca demasiado tiempo el que hay que pasar trabajando en la mente, pero la alternativa es no vivir una vida plena, no ser la mejor versión de uno mismo y no tomar consciencia de la belleza que tienes frente a tus ojos. La verdad, he pasado por eso antes, y gracias, pero no.

Decidí usar el encierro de la pandemia para hallar nuevas maneras de crecer y aprender de todo lo que estaba pasando. Decidí examinar y evaluar los aspectos de mi vida que podía mejorar. Ámbitos en los que todavía aceptaba cosas con las que no estaba de acuerdo o que no se alineaban con mis convicciones. Hice cambios importantes durante ese periodo. Terminé una larga relación, me mudé, empecé a apuntar ideas para este libro, reorganicé mi empresa y aprendí a gobernar un bote.

Crecí a partir de esos nuevos desafíos y gané una mayor resiliencia. Decidí ofrecer mi experiencia de vida y mis conocimientos en esta disciplina a quien lo necesitara. En 2020 activé nuestra red de expertos que produce e imparte cuarenta cursos de maestría para ayudar a nuestra comunidad y a los maestros y estudiantes de nuestras escuelas públicas. Ofrecí seminarios sobre la felicidad para los estudiantes, docentes y licenciados de la facultad de Economía de la Universidad de Georgetown. Cambié la modalidad presencial para la certificación *Chief Happiness Officer* a cursos en línea. Tras dos años de ausencia, en 2022 tuvimos la Summit más exitoso de nuestra historia y, gracias a la inspiración que nos proporcionó nuestro director del programa CHO, el doctor Sandro Formica, quien es italiano, comenzamos a trabajar en la idea de llevar la World Happiness Summit hasta Europa.

En la vida, los desafíos no terminan nunca y, como nos enseña Tal Ben-Shahar, a veces debemos permitirnos ser seres humanos. Yo tengo mucha empatía y solidaridad por quienes han perdido a un ser amado. La pandemia despertó mi trauma porque mi esposo murió de una pulmonía provocada por una gripe, una situación muy similar a la de muchas familias que fueron golpeadas por el COVID-19. Todavía me entristecen todas las relaciones que dejé atrás durante mi crecimiento y las consecuencias de esas pérdidas, incluyendo el haber tenido que renunciar a la vida que yo había imaginado. Pero hice las paces con el cambio y actualmente busco el lado positivo de las cosas y los destellos de esperanza. Experimento el estado de fluidez cuando escribo, produzco nuevas ideas y soy creativa; estoy agradecida por esas cosas. Además, me alegra poder pasar más tiempo con mis hijos, mis fans más entusiastas. Amo mi trabajo. También disfruto desarrollar nuevas plataformas para ayudar a la gente, intercambiar ideas con los expertos y explorar un país nuevo como Italia, donde conocí a tantas personas maravillosas y experimenté una cultura completamente nueva. Me encanta descubrir nuevos lugares y encontrar nuevas maneras de ser útil.

En la vida, los desafíos no terminan nunca y, como nos enseña Tal Ben-Shahar, a veces debemos permitirnos ser seres humanos.

Hace mucho tiempo decidí ser feliz y cada día aprovecho esa decisión que me brinda sentido y propósito y representa mi verdadera fuente de felicidad. A través de la consciencia, el aprendizaje y la acción, utilizo las herramientas científicamente comprobadas que he presentado a lo largo de este libro para enfrentar la sensación de pérdida o la ansiedad cuando surgen, y para reencontrar el camino hacia emociones más positivas. Recurrir una y otra vez a estas habilidades las ha convertido en una respuesta automática, y cuando enfrento desafíos, no permanezco en el suelo durante mucho tiempo; me levanto de inmediato porque cuento con un esquema al que puedo recurrir. La vida no es fácil, a veces es muy dura, pero también está llena de momentos electrizantes o serenos que podemos pasar por alto si no prestamos atención.

Estoy en constante evolución. Decidí saborear las pequeñas alegrías de lo cotidiano y, al hacerlo, descubrí que en realidad son verdaderos milagros capaces de abrir mi corazón de par en par. Perdoné a quien alguna vez me lastimó, y hoy estoy mejor por eso. La *realidad* seguirá siendo la misma durante mucho tiempo, pero yo ya he cambiado mi manera de verla y he rectificado mis expectativas. Recuerda: esta no es una prueba, es la única vida que tenemos. Podemos cambiar, es más, lo hacemos todo el tiempo. Somos capaces de adoptar un propósito y una dirección que sean positivos, y también podemos apuntar a la felicidad con determinación y esfuerzo. Yo la elegí porque mis hijos me necesitaban. El amor hizo pedazos mi corazón y, al mismo tiempo, me salvó la vida. Cambié mi manera de pensar, revolucioné mi vida, aprendí a nadar de otra forma y le ofrecí al mundo mi pequeña contribución.

....

Esta no es una prueba, es la única vida que tenemos. Podemos cambiar, es más, lo hacemos todo el tiempo. Somos capaces de adoptar un propósito y una dirección que sean positivos, y también podemos apuntar a la felicidad con determinación y esfuerzo.

....

SUGERENCIAS PRÁCTICAS

Existen numerosos expertos, libros y cursos que hablan sobre la felicidad. Los «buenos» son los que a ti te funcionan. Sin importar cuáles elijas, la clave siempre será la misma: darse cuenta de que la felicidad es un proceso interno y que requiere esfuerzo constante.

1. Crea tu propio método para practicar la felicidad. Recuerda: los principios son simples, lo difícil es ponerlos en práctica.
2. Esfuérzate para darle a tu bienestar la prioridad que se merece cada día.
3. Experimenta con un método el tiempo suficiente para que de verdad puedas ponerlo a prueba.
4. Evalúalo y decide si quieres seguir adelante o si prefieres pasar a algo distinto.
5. Cuando encuentres el método que te funcione, identifica un área de tu bienestar sobre la cual comenzar tu trabajo.

Conclusión

El «Soneto 18» de Shakespeare que puse al inicio de este libro es mi poema favorito. Al inicio de nuestra relación, Ricardo me regaló una edición rara de sus sonetos. El volumen incluía el 18, en el cual Shakespeare elogia a su amada. Al final, la inmortaliza con estas palabras: «Mientras haya aliento y ojos para mirar, mientras viva esto y vida a ti te dé».

A través de mi labor con WOHASU y la World Happiness Summit, mantengo vivo el recuerdo de Ricardo, porque fue gracias a él que dediqué mi vida a promover la felicidad como una elección consciente. Y esto le da vida a él: su «eterno verano, jamás se desvanece, / ni perderá su instinto de tener la hermosura, / ni la muerte jactarse de haberte dado sombra».

Otras prácticas que he adoptado para cultivar la felicidad (en orden aleatorio)

Vale la pena perseguir la felicidad no solo como un fin, sino también porque el hecho mismo de estudiar, leer y escribir sobre ella nos hace felices. Inténtalo y observa los resultados.

- Un baño con agua fría es energizante, sobre todo cuando me siento agotada. Literalmente, le da a mi cuerpo una buena sacudida.
- De noche jamás tengo el celular conmigo. Dejo de revisar mis mensajes a las nueve de la noche y, después de despertarme, espero media hora para revisarlo. Si es algo muy importante, pueden llamarme a mi casa. Nuestro cerebro es particularmente sensible poco antes de dormir y poco antes de despertar, y yo trato de cuidarlo. Descubrí que, si me

alejo del celular, me cuesta menos quedarme dormida y en las mañanas me levanto más descansada.

- Esto nos lleva a nuestro siguiente punto: el sueño. Si me despierto cansada, me esfuerzo por entender qué señal me está enviando mi cuerpo. Después, actúo y a lo largo del día me permito una siesta. No puedo hacer suficiente énfasis en la importancia del sueño. Dormir bien me hace mucho más productiva y creativa.
- Si una situación me estresa, desacelero el ritmo de mis pensamientos y me pregunto: «¿Hay algo que pueda controlar?», «¿Cuál es el mejor camino?».
- ¡Si no hago ejercicio, me siento terrible! Cada día practico diez minutos de yoga con pesas ligeras y durante el día tomo varias pausas para dar un paseo al aire libre. Me encanta la sensación que tengo después de haber corrido (jamás recorro más de 3 km).
- Le dedico tiempo a mi perro.
- Me encanta estar con mis amigos y divertirme con ellos. Me encanta bromear y no tomarme en serio. Disfruto reírme de mí misma.
- Cada mañana dedico tiempo para meditar sobre los aspectos de mi vida que me gustaría mejorar y aquellos por los que estoy agradecida.
- Visualizo un futuro en donde *todo sale bien.*
- Envío pensamientos positivos a todos, incluso a quienes no me caen bien (aunque no es fácil, hago lo mejor que puedo).

- Me esfuerzo por perdonar de verdad (esto todavía me cuesta trabajo).
- Tengo varios diarios en cuadernos de distintos colores: negro para las cosas que me hacen sufrir y los problemas que quiero resolver; azul (o, mejor aún, rosa) para las cosas que me traen alegría y por las que estoy agradecida, para mis proyectos a futuro, etcétera.
- Acepto que no puedo controlar todo.
- Tomo consciencia de mis emociones. Reconozco cuando no sé lo que me pasa ni lo que me sucede.
- Doy las gracias y especifico el motivo. A veces nuestro interlocutor no sabe por qué estamos agradecidos: si se lo explicamos, no solo resolvemos el misterio, sino que también crearemos las condiciones para que pueda ocurrir uno nuevo, porque demostraremos que sabemos poner atención.
- Pido ayuda y busco ayudar a otros.
- Trato de divertirme lo más que pueda, sobre todo en el trabajo. Planeo actividades entretenidas con el mismo cuidado que le dedico a mi agenda profesional. ¡Es una gran manera de levantar el ánimo!
- Realizo un trabajo que se alinea con mis valores y me brinda propósito.

Algunas cosas que estoy tratando de mejorar (la lista es mucho más larga)

- Dedicar más tiempo a mi vida privada. Decidir dónde quiero vivir.
- Liberarme del miedo por la falta y de los recuerdos que me hacen sufrir.
- No juzgar a otros.
- Volver a correr todos los días.

Agradecimientos y gratitud

Completar este libro fue una labor maratónica. Comencé a escribir las primeras líneas durante el encierro de la pandemia y, dos años después, lo terminé en un mes. En noviembre de 2022, mientras planeaba nuestra nueva Summit, tuve la oportunidad de conocer a nuestros mayores partidarios y simpatizantes en Italia, el increíble equipo de Rizzoli. Mi editor Lucio Lorenzi y toda la editorial comprendieron la importancia de mi visión y de difundir mi historia. No se limitaron a expresar su interés, de inmediato pasaron a la acción y me preguntaron si sería posible completar el texto para finales de diciembre. Les dije que sí. Tenía menos de treinta días para lograrlo. Estoy muy agradecida con todos ellos por haber creído en mí y por haberme ayudado a difundir la influencia positiva de la felicidad. Le agradezco a Elga Corricelli y a Sandro Formica que me hayan presentado a personas con las que tenía tantas cosas en común en Italia.

Nada de esto hubiera sido posible sin el apoyo de mis hijos, Stefan y Kristof. No solo los amo, los admiro por su bondad, generosidad y fuerza. Ambos trabajan conmigo y para mí es un sueño hecho realidad.

Agradezco también a mi equipo de WOHASU, que no solo me echó porras, sino que asumió responsabilidades adicionales en aquel mes de diciembre para que yo pudiera terminar este libro.

Tuve, además, la oportunidad de trabajar con Cristina Sarto, una talentosa periodista que se prestó como portavoz durante todo el proceso de escritura y que hizo que el maratón fuera divertido. Agradezco a los miembros del World Wellbeing Movement, quienes me hospedaron en Oxford y me dieron la oportunidad de escribir en su maravillosa biblioteca. En medio de un paisaje nevado, me hicieron sentir como en casa. Gracias.

Tuve y sigo teniendo el maravilloso privilegio de aprender y estudiar de mentes extraordinarias que se ocupan de la investigación, el estudio, la práctica y la promoción de la felicidad y de los métodos de bienestar. A falta de espacio, solo puedo mencionar a algunos de los increíbles expertos que se unieron a nuestra World Happiness Summit: Richard Layard, Sonja Lyubomirsky, Tal Ben-Shahar, Mo Gawdat, Margarita Tarragona, Sandro Formica, Jen Fisher, Jan-Emmanuel De Neve, Alberto Nobis, Maria Sirois, Itai Ivtzan, Isaac Prilleltensky, Robert Biswas-Diener, Kelli Harding, Maria Loi, Fred Luskin y Martin Seligman; aunque en realidad son muchos más. Les doy las gracias a todos.

Estoy muy agradecida con mi hermana Tessy no solo por haberme acompañado durante mi largo viaje lleno de obstáculos, sino por la felicidad que me trae su presencia. Mi hermano Jurgen me ayudó cuando necesitaba que alguien me echara una mano con WOHASU y se lo agradezco profundamente. Agradezco a mi cuñada Igne, a mis sobrinas Andrea, Karina, Kristen y Stephie, y a mis sobrinos Jurgen y Jan Peter.

Agradezco a mis padres Karen y Jurgen por siempre haberme apoyado. En fin, agradezco a mis amigos, los amo más de lo que puedo expresar con palabras. Le dedico este libro a los amores de mi vida: Stefan, Kristof y Ricardo. Su amor hizo posible mi felicidad.

Notas

1. TRAUMA

1 Boehm, J. K., Ruberton, P. y Lyubomirsky S. (2021). The Promise of Fostering Greater Happiness. En C. R. Snyder, S. J. Lopez, L. M. Edwards, S. C. Marques (Eds.), *The Oxford Handbook of Positive Psychology* (3.ª ed.). Oxford University Press.

2. NEUROPLASTICIDAD

1 Diener, E. (2000). Subjective well-being. The Science of Happiness and a Proposal for a National Index, *American Psychologist, 55*(1), 34-43. <doi.org/10.1037/0003-066X.55.1.34>.

2 Seligman, M. E. P. (2012). *Flourish: A Visionary New Understanding of Happiness and Well-Being*. Atria. Traducción al español: Seligman, M. E. P. (2016). *Florecer: la nueva psicología positiva y la búsqueda del bienestar*. Océano.

3 *Ibidem*.

4 Kahneman, D. y Tversky, A. (1984). Choices, Values and Frames. *American Psychologist*, *39*(4), 341-350.

5 Brickman, P., Coates, D. y Janoff-Bulman, R. (1978). Lottery Winners and Accident Victims: Is happiness Relative?, *Journal of Personality and Social Psychology*, *36*(8), 917-927.

3. APRENDER ALGO NUEVO Y SINTONIZARSE CON UN SENTIDO DE PROPÓSITO

1 Baumeister, R. F., Bratslavsky, E., Finkenauer, C. y Vohs, K. D. (2001). Bad Is Stronger Than Good. *Review of General Psychology*, *5*(4), 323-370. <assets.csom.umn.edu/assets/71516.pdf>.

2 Hope, E. A., Chen, M. M., Orr, E., Metcalf, C. A., Fischer, L. E., Pollack, M. H., De Vivo, I. y Simon, N. M. (agosto de 2013). Loving-Kindness Meditation Practice Associated with Longer Telomeres in Women. *Brain, Behavior, and Immunity*, 63-159.

3 Puderbaugh, M. y Emmady, P. D. (2022). *Neuroplasticity*, Treasure Island, Florida: StatPearls Publishing. <www.ncbi.nlm.nih.gov/books/NBK557811/>.

4. RESPIRA HONDO

1 University of Toledo, Counseling Center. *Deep Breathing And Relaxation* <www.utoledo.edu/studentaffairs/counseling/anxietytoolbox/breathingandrelaxation.html>.

2 Ka-Yin Yau, K. y Loke, A. Y. (mayo 2021). Effects of Diaphragmatic Deep Breathing Exercises on Prehypertensive

or Hypertensive Adults: A Literature Review. *Complementary Therapies in Clinical Practice, 43*, <www.sciencedirect.com/science/article/abs/pii/S174438812 1000141>.

3 Wool, M. (19 de agosto de 2022). *Distress Versus Eustress: Learn All About the Different Types of Stress.* Betterup. <www.betterup.com/blog/distress-vs-eustress>.

4 Crum, A. y Crum, T. (3 de septiembre de 2015). Stress Can Be a Good Thing If You Know How to Use It. *Harvard Business Review.* <hbr.org/2015/09/stress-can-be-a-good-thing-if-you-know-how-to-use-it>.

5 Achor, S. y Gielan, M. (13 de julio de 2016). The Data-Driven Case for Vacation. *Harvard Business Review.* <hbr.org/2016/07/the-data-driven-case-for-vacation>.

6 Smith, B. W., Ford, C. G., Erickson, K. y Guzman, A. (18 de febrero de 2020). The Effects of a Character Strength Focused Positive Psychology Course on Undergraduate Happiness and Well-Being. *Journal of Happiness Studies.* <doi.org/10.1007/s10902-020-00233-9>.

7 Linley, A. (2008). *Average to A+: Realising Strengths in Yourself and Others.* CAPP Press.

8 King, L. A. y Trent, J. (2013). *Personality Strengths.* En H. Tennen, J. Suls y I. B. Weiner (Eds.), *Handbook of Psychology. Personality and Social Psychology* (pp. 197-222). Nueva York: John Wiley & Sons.

9 Hodges, T. D. y Asplund, J. (2010). *Strengths Development in the Work-Place.* En P. A. Linley, S. Harrington y N. Garcea (Eds.), *Oxford Handbook of Positive Psychology and Work* (pp. 213-220). Oxford University Press.

10 Csíkszentmihályi, M. (2008). *Flow: The Psychology of Optimal Experience.* Harper Perennial Modern Classics. Traducción al español: Csíkszentmihályi, M. (2000). *Fluir (Flow): una psicología de la felicidad.* Barcelona: Kairós.

5. MANTENTE EN MOVIMIENTO

1 Thompson Coon, J., Boddy, K., Stein, K., Whear, R., Barton, J., y Depledge, M. (2011). Does Participating in Physical Activity in Outdoor Natural Environments Have a Greater Effect on Physical and Mental Wellbeing than Physical Activity Indoors? A Systematic Review. *Environmental Science & Technology, 45*(5), 1761-1772.

2 Centers for Disease Control and Prevention. *Benefits of Physical Activity*. <www.cdc.gov/physicalactivity/basics/pa-health/index.htm>.

3 Kahneman, D. (1999). Evaluation by Moments: Past and Future. En D. Kahneman y A. Tversky (Eds.), *Choices, Values and Frames*. Nueva York: Cambridge University Press.

6. SOLTAR EL DOLOR Y DEJAR ESPACIO PARA EL CRECIMIENTO

1 Fredrickson, B. L. (7 de marzo de 2000). Cultivating Positive Emotions to Optimize Health and Well-Being. *Prevention & Treatment, 3*(0001a). <www.wisebrain.org/papers/CultPosEmot.pdf>.

2 David, S. y Congleton, C. (noviembre de 2013). Emotional Agility. *Harvard Business Review*. <hbr.org/2013/11/emotional-agility>.

3 Fredrickson, B. L., *op. cit.*

4 David, S. y Congleton, C., *op. cit.*

7. SABOREAR LA VIDA Y LAS COSAS QUE ME HACEN FELIZ

1 Wood, L., Martin, K., Christian, H., Nathan, A., Lauritsen, C., Houghton, S., Kawachi, I. y McCune, S. (29 de abril de 2015). The Pet Factor. Companion Animals As a Conduit For Getting to Know People, Friendship Formation and Social Support. *Plos One.* <journals.plos.org/plosone/article?id=10.1371/journal.pone.0122085>.

2 Wiking, M. (1 de octubre de 2019). *The Art of Making Memories. How to Create and Remember Happy Moments.* William Morrow & Co.

3 Huynh, L. T. M., Gasparatos, A., Su, J., Dam Lam, R., Grant, E. I. y Fukushi, K. (5 de agosto de 2022). Linking the Nonmaterial Dimensions of Human-Nature Relations and Human Well-Being Through Cultural Ecosystem Services. *Sciences Advances, 8*(31). <www.science.org/doi/10.1126/sciadv.abn8042>.

4 White, M. P., Alcock, I., Grellier, J. *et al.* (13 de junio de 2019). Spending at Least 120 Minutes a Week in Nature Is Associated with Good Health and Wellbeing. *Scientific Reports*, 9, 7730.

5 Budson, A. E. (7 de octubre de 2020). *Why Is Music Good for the Brain?* Harvard Health Blog. <www.health.harvard.edu/blog/why-is-music-good-for-the-brain-2020100721062>.

6 Johns Hopkins Medicine. *Keep Your Brain Young with Music* <www.hopkinsmedicine.org/health/wellness-and-prevention/keep-your-brain-young-with-music>.

7 Lyubomirsky, S., King, L. y Diener, E. (2005). The Benefits of Frequent Positive Affect: Does Happiness Lead to

Success? *Psychological Bulletin, 131*(6), 803-855 <www.apa.org/pubs/journals/releases/bul-1316803.pdf>.

8 Shiota, M. N. (octubre de 2021). Awe, Wonder, and the Human Mind. *Annals of the New York Academy of Sciences, 1501*(1), 85-89. <doi.org/10.1111/nyas.14588>.

9 Marmolejo-Ramos, F., Murata, A., Sasaki, K. *et al.* (2020). Your Face and Moves Seem Happier When I Smile. Facial Action Influences the Perception of Emotional Faces and Biological Motion Stimuli. *Experimental Psychology, 67*(1), 14-22. <econtent.hogrefe.com/doi/10.1027/1618-3169/a000470>.

10 Mader, J. (14 de noviembre de 2022). *Want Resilient and Well-Adjusted Kids? Let Them Play.* The Hechinger Report. <hechingerreport.org/want-resilient-and-well-adjusted-kids-let-them-play/>.

11 Robinson, L., Smith, M., Segal, J. y Shubin, J. (5 de diciembre de 2022). *The Benefits of Play for Adults*, HelpGuide.org. <www.helpguide.org/articles/mental-health/benefits-of-play-for-adults.htm>.

12 Clapp, M., Aurora, N., Herrera, L., Bhatia, M., Wilen, E. y Wakefield, S. (15 de septiembre de 2017). Gut Microbiota's Effect on Mental Health. The Gut-Brain Axis. *Clinics and Practice, 7*(4), 987. <doi.org/10.4081/cp.2017.987>.

13 Mujcic, R. y Oswald, A. J. (agosto 2006). Evolution of Well-Being and Happiness After Increases in Consumption of Fruit and Vegetables. *American Journal of Public Health, 106*(8), 1504-1510. <ajph.aphapublications.org/doi/full/10.2105/AJPH.2016.303260>.

14 Dunbar, R. I. M. (11 de marzo 2017). Breaking Bread: the Functions of Social Eating. *Adaptive Human Behavior and Physiology,* (3), 198-211. <link.springer.com/article/10.1007/s40750-017-0061-4>.

15 Holmes, C. (2022). *Happier Hour: How to Beat Distraction, Expand Your Time, and Focus on What Matters Most.* Nueva York: Gallery Books.

16 *Ibidem.*

17 <www.cassiemholmes.com/timecrafting>.

8. AMOR, AFECTO Y RELACIONES

1 Siegel, D. J. (2020). *Aware. The Science and Practice of Presence. The Groundbreaking Meditation Practice.* Nueva York: TarcherPerigee. Traducción al español: Siegel, D. J. (2020). *Consciente: ciencia y práctica del mindfulness.* Paidós.

2 Gilbert, D. (2006). *Stumbling on Happiness.* Nueva York: Alfred A. Knopf. Traducción al español: Gilbert, D. (2017). *Tropezar con la felicidad.* Ariel.

3 Fredrickson, B. L. (2013). *Love 2.0. How Our Supreme Emotion Affects Everything We Feel, Think, Do, and Become.* Nueva York: Plume.

4 Fredrickson, B. L. (10 de enero de 2014). *Remaking Love* [Video]. TEDxLowerEastSide.

5 Waldinger, R. (23 de diciembre de 2015). *What Makes a Good Life? Lessons from the Longest Study on Happiness* [Video]. TEDxBeaconStreet.

6 Reivich, K. y Shatté, A. (2002). *The Resilience Factor. 7 Keys to Finding Your Inner Strength and Overcoming Life's Hurdles.* Nueva York: Broadway Books.

7 Orth, U. y Robins, R. W. (2022). Is High Self-esteem Beneficial? Revisiting a Classic Question. *American Psychologist, 77*(1), 5-17.

8 Kaufman, S. B. y Jauk, E. (21 de mayo de 2020). Healthy Selfishness and Pathological Altruism. Measuring Two Paradoxical Forms of Selfishness. *Frontiers in Psychology*, sección Personality and Social Psychology. <www.frontiersin.org/articles/10.3389/fpsyg.2020.01006/full>.

9. ¡EL PERDÓN ES UN SUPERPODER!

1 Mayo Clinic Staff. *Forgiveness: Letting Go of Grudges and Bitterness*. <www.mayoclinic.org/healthy-lifestyle/adult-health/in-depth/forgiveness/art-20047692>.

2 Luskin, F. y Seago, L. (2021). *Forgiveness Is Not What You Think It Is* [Podcast]. Like Mind, Like Body Podcast. <www.curablehealth.com/podcast/forgiveness-is-not-what-you-think-it-is-dr-fred-luskin?>.

3 Luskin, F. (2003). *Forgive for Good. A Proven Prescription for Health and Happiness*. San Francisco: HarperOne. Traducción al español: Luskin, F. (2006). *¡Perdonar es sanar! Libérese de los rencores y experimente los beneficios*. Rayo.

4 Toussaint, L. L., Shields, G. S. y Slavich, G. M. (octubre de 2016). Forgiveness, Stress and Health. A 5-Week Dynamic Parallel Process Study. *Annals of Behavioral Medicine, 50*(5), 727-735.

5 Toussaint, L. L., Owen, A. D. y Cheadle, A. (2012). Forgive to Live. Forgiveness, Health, and Longevity. *Journal of Behavioral Medicine, 35*, 375-386. <consultabileall'indirizzodoi.org/10.1007/s10865-011-9362-4>.

6 Corliss, J. (13 de abril de 2021). *The Art of a Heartfelt Apology*. Harvard Health Blog. <www.health.harvard.edu/blog/the-art-of-a-heartfelt-apology-2021041322366>.

7 Luskin, F. (1 de septiembre de 2004). *Nine Steps to Forgiveness*. Greater Good Magazine. <greater-good.berkeley.edu/article/item/nine_steps_to_forgiveness>.

10. UN LEGADO DE BONDAD

1 Seligman, M. E. P. (2012). *Flourish: A Visionary New Understanding of Happiness and Well-Being*. Atria. Traducción al español: Seligman, M. E. P. (2016). *Florecer: la nueva psicología positiva y la búsqueda del bienestar*. Océano.

2 Prilleltensky, I. y Prilleltensky, O. (2021). *How people matter*. Cambridge University Press.

3 Reece, A., Carr, E. W., Baumeister, R. F. y Kellerman, G. R. (26 de mayo de 2021). Outcasts and Saboteurs. Intervention Strategies to Reduce the Negative Effects of Social Exclusion on Team Outcomes. *Plos One*.

4 Harding, K. (2019). *The Rabbit Effect. Live Longer, Happier, and Healthier with the Groundbreaking Science of Kindness*. Nueva York: Atria Books.

5 *Ibidem*.

6 Centers of Disease Control and Prevention. *What is Epigenetics?* <www.cdc.gov/genomics/disease/epigenetics.htm>.

7 Sahin, E. y DePinho, R. A. (24 de marzo de 2010). Linking Functional Decline of Telomeres, Mitochondria, and Stem Cells During Ageing. *Nature*, 520-528.

8 Empathy. *Psychology Today*. <www.psychologytoday.com/us/basics/empathy>.

9 Cameron, K. (2013). *Practicing Positive Leadership*. Oakland: Berrett-Koehler Publishers.

10 Healthdirect Australia. (2021). *Acts of kindness and compassion.* <www.healthdirect.gov.au/acts-of-kindness-and-compassion>.

11 Holt-Lunstad, J., Smith, T. B., Baker, M., Harris, T. y Stephenson, D. (marzo de 2015). Loneliness and Social Isolation as Risk Factors for Mortality: A Meta-Analytic Review. *Perspectives on Psychological Science, 10*(2), 227-237. <journals.sagepub.com/doi/abs/10.1177/1745691614568352>.

12 Murthy, V. (2020). *Together, The Healing Power of Human Connection in a Sometimes Lovely World.* Nueva York: Harper Wave.

13 Fisher, J. y Phillips, A. (2021). *Work Better Together. How to Cultivate Strong Relationships to Maximize Well-Being and Boost Bottom Lines.* Nueva York: McGraw Hill.

11. MEDITACIÓN, *MINDFULNESS* Y SIGNIFICADO

1 Davis, D. M. y Hayes, J. A. What Are the Benefits of Mindfulness? A Practice Review of Psychotherapy-Related Research. *Psychotherapy, 48*(2), 198-208. <www.habitualroots.com/uploads/1/2/1/3/121341739/whatarethebenefitsofmindfulness_1.pdf>.

2 Davidson, R. J., Kabat-Zinn, J., Schumacher, J., Rosenkranz, M. *et al.* (julio-agosto de 2003). Alterations in Brain and Immune Function Produced by Mindfulness Meditation. *Psychosomatic Medicine, 65*(4), 564-570. <pubmed.ncbi.nlm.nih.gov/12883106>.

3 *Ask Michael Steger About Meaning and Purpose in Life.* Psychwire.com. <psychwire.com/ask/topics/16daks/ask-michael-steger-about-meaning-and-purpose-in-life>.

4 Layard, R. (2005). *Happiness: Lessons from a New Science.* Londres: Penguin Press. Traducción al español: Layard, R. (2005). *Felicidad: lecciones de una nueva ciencia.* Madrid: Taurus.

5 Lyubomirsky, S. (2007). *The How of Happiness. A Scientific Approach to Getting the Life You Want.* Londres: Penguin Press. Traducción al español: Lyubomirsky, S. (2016). *La ciencia de la felicidad: un método probado para conseguir el bienestar.* Urano.

6 Fredrickson, B. L. (10 de enero de 2014). *Remaking Love* [Video]. TEDxLowerEastSide.

12. GRATITUD

1 Fredrickson, B. L. y Kahneman, D. (julio de 1993). Duration Neglect in Retrospective Evaluations of Affective Episodes. *Journal of Personality and Social Psychology, 65*(1), 45-55. <psycnet.apa.org/doiLanding?doi=10.1037%2F0022-3514.65.1.45>.

2 Brown, B. (2012). *Daring Greatly: How the Courage to Be Vulnerable Transforms the Way We Live, Love, Parent, and Lead.* Nueva York: Avery. Traducción al español: Brown, B. (2019). *El poder de ser vulnerable: ¿qué te atreverías a hacer si el miedo no te paralizara?* Barcelona: Urano.

3 Harvard Medical School (14 de agosto de 2021). *Giving Thanks Can Make You Happier.* Harvard Health Publishing. <https://www.health.harvard.edu/healthbeat/giving-thanks-can-make-you-happier>.

4 Emmons, R. (13 de mayo de 2013). How Gratitude Can Help You Through Hard Times. *Greater Good Magazine,*

<greatergood.berkeley.edu/article/item/how_gratitude_can_help_you_through_hard_times>.

5 *Ibidem.*

6 Carpenter, D. *La ciencia que hay detrás de la gratitud (y cómo puede cambiar tu vida).* The Upside. <www.happify.com/hd/the-science-behind-gratitude/>.

13. EL PODER DE LA NARRACIÓN AUTOBIOGRÁFICA

1 Tarragona, M. (2013). *Positive Identities. Narrative Practices and Positive Psychology.* Positive Acorn.

2 Tarragona, M. (2008). Post-modern/Post-structuralist therapies. En J. Lebow (Ed.), *XXI century psychotherapies* (pp. 178-216). Nueva Jersey: John Wiley & Sons, Hoboken.

3 Formica, S. *Máster de la ciencia del yo.* WOHASU.

Bibliografía

Ben-Shahar, T. (2007). *Happier: Learn the Secrets to Daily Joy and Lasting Fulfillment.* Nueva York: McGraw Hill.

Brown, B. (2012). *Daring Greatly: How the Courage to Be Vulnerable Transforms the Way We Live, Love, Parent, and Lead.* Nueva York: Avery. Traducción al español: Brown, B. (2019). *El poder de ser vulnerable: ¿qué te atreverías a hacer si el miedo no te paralizara?* Barcelona: Urano.

Fisher, J. y Phillips, A. (2021). *Work Better Together. How to Cultivate Strong Relationships to Maximize Well-Being and Boost Bottom Lines.* Nueva York: McGraw Hill.

Gawdat, M. (2017). *Solve for Happy.* Nueva York: North Star Way. Traducción al español: Gawdat, M. (2022). *El algoritmo de la felicidad.* Barcelona: Booket.

Harding, K. (2019). *The Rabbit Effect. Live Longer, Happier, and Healthier with the Groundbreaking Science of Kindness.* Nueva York: Atria Books.

Holmes, C. (2022). *Happier Hour: How to Beat Distraction, Expand Your Ttime, and Focus on What Matters Most.* Nueva York: Gallery Books.

Lyubomirsky, S. (2007). *The How of Happiness. A Scientific Approach to Getting the Life You Want*. Londres: Penguin Press. Lyubomirsky, S. (2016). *La ciencia de la felicidad: un método probado para conseguir el bienestar*. Urano.

Siegel, D. J. (2020). *Aware. The Science and Practice of Presence. The Groundbreaking Meditation Practice*. Nueva York: TarcherPerigee. Traducción al español: Siegel, D. J. (2020). *Consciente: ciencia y práctica del mindfulness*. Paidós.